kurz & bündig

macht in kurzer Lesezeit
mit dem Wichtigsten vertraut.
Die einzelnen Bände dieser Serie bieten
Einblicke in die Themenkreise

Religion & Philosophie
Wirtschaft & Gesellschaft
Natur & Umwelt
Wissenschaft & Technik
Kunst & Kultur
Sprache & Literatur
Geschichte & Geographie

Herausgegeben von Wolf In der Maur

Peter Stiegnitz

Sekten und Freikirchen

Religiöse Antworten auf psychologische Fragen und Bedürfnisse?
Die menschlichen Grundbedürfnisse nach Sinn und Sein bestimmen Angebot und Nachfrage.

hpt-Verlagsgesellschaft

CIP-Titelaufnahme der Deutschen Bibliothek

Stiegnitz, Peter:
Sekten und Freikirchen / Peter Stiegnitz. — Wien : hpt-Verl.-Ges., 1989
(kurz & bündig)
ISBN 3-85128-032-6

Redaktion: Helga Zoglmann
Einbandgestaltung: Erich Baumann

Satzherstellung: inter-letter, Wien
Druck und Bindung: Ueberreuter, Wien-Korneuburg

Inhalt

Vorwort des Herausgebers

Die moderne, aufgeklärte und emanzipierte Gesellschaft hat das Postulat der Glaubens- und Gewissensfreiheit hervorgebracht, wie es sich aus dem Zeitalter der Aufklärung und deren revolutionärer Umsetzung ergeben hat.

Von diesem Postulat beseelt sind alle Erklärungen der Menschenrechte, ob sie uns aus dem amerikanischen Unabhängigkeitskrieg, der Französischen Revolution oder seitens der Vereinten Nationen zugekommen sind.

Doch wurde dieses hohe Gut der Gedanken-, Religions- und Gewissensfreiheit keineswegs zum Allgemeingut der Welt. In weiten Räumen herrscht Religionszwang, ja, eine fundamentalistische „Gottesstaatlichkeit" vor, die keine Ausnahme duldet; andere Regionen haben Religionsverbote oder zumindest eine aktive Religionsfeindlichkeit hervorgebracht.

Dort, wo die „Allgemeine Erklärung der Menschenrechte" politisch und gesellschaftlich voll akzeptiert wird, setzten diese einen pluralisierenden Prozeß in Gang, der immer neue Freikirchen und Sekten hervorbringt.

Die einen beklagen dies als „Verlust des Weltbildes", mit dem sich die unheilvolle Ankündigung einer Endzeit verbinde. Andere wiederum glauben zu erkennen, daß sich die alten Glaubensvorstellungen mit den Ereignissen der modernen Wissenschaft, den Möglichkeiten der Technik und den umwälzenden Veränderungen der Daseinsbedingungen der Gesellschaft, wenn überhaupt, dann nur äußerst mühsam in Übereinstimmung bringen lassen. Worin auch die inneren Spannungen und Widersprüche der „alten Religionen und Kirchen" ihre Ursache haben. Dadurch aber würden Freiräume und Verdünnungen geschaffen, die immer neuen Sekten und Freikirchen einen Wurzelgrund böten.

Prosaischeren Auffassungen zufolge verbinde sich mit diesem Pluralismus zu einem nicht geringen Teile ein vorwiegend oder überhaupt bloß geschäftliches Interesse mit Vernetzungen bis hin zur Drogenszene.

Wie auch immer: Das Phänomen steht deutlich vor uns. Wie es bewerten? Wie sich darin zurechtfinden? Womit sich behelfen, wie anderen helfen, sich zurechtzufinden?

Die erste Voraussetzung dafür ist die Kenntnis der Daten und Fakten, welche das Phänomen hervorbringen. Der Autor, der schon das „Judentum" kurz & bündig dargestellt hat, trägt das Wichtigste davon zusammen und gewährt Einblicke von großem Orientierungswert über Art, Umfang und Substanz der wichtigsten Freikirchen und Sekten unserer Zeit.

Wolf In der Maur

Die Wege zu Gott: Rationaler Wunsch nach dem Irrationalen

Alle Wege führen zu Gott — und nicht nur nach Rom. Wer seinem Bedürfnis nach Gott und Glauben, diesem elementaren Gefühl nach etwas „Höherem", das die ersten Antworten auf die letzten Fragen — meist knapp vor dem Tod — gibt, nachkommen will, dem soll der Weg freigestellt werden.

Das edelste Gefühl des Menschen ist — nach der Liebe — der religiöse Glaube, dieser wesentliche Teil unserer Psyche. Deshalb sind Glaube und Gefühl, auch in wissenschaftlichen Werken, aufs engste miteinander verbunden. So sieht der deutsche Theologe und Philosoph David Friedrich *Strauß* in der „Religion (eine) Sache des Herzens (:) . . . und wer ein Herz hat, der kann fromm sein; wessen Frömmigkeit aber im Verstande oder auch in der Vernunft wurzelt, der hat gar keine".

Entlang der Trennlinie zwischen Religion und Ratio ist die psychologische Wirklichkeit des Menschen beheimatet. Wer demnach nicht glauben kann, der muß nachdenken, und so ist für den Rationalisten der Gedanke, daß die Menschen an Gott glauben, wichtiger als der eigentliche Glaube an „Ihn". Diese Erkenntnis macht jede Diskussion über „Gottes Existenz" müßig und unnötig.

Ob ein Mensch an Gott glaubt („Religion"), ob er diesen Glauben in einer bestimmten religiösen

Gemeinschaft („Konfession") praktizieren will, muß ihm freigestellt sein. Eine — staatliche oder private — Behinderung des religiösen Lebens rüttelt an den Grundfreiheiten jedes einzelnen. So verständlich diese prinzipielle Feststellung auch ist, ihre internationale Verankerung stößt auf kaum überwindbare Gegensätze. Deshalb benötigen die Vereinten Nationen eine jahrzehntelange Vorarbeit, bis sie sich am 25. November 1981 zu einer „Erklärung über die Beseitigung aller Formen von Intoleranz und Diskriminierung aufgrund der Religion oder der Weltanschauung" durchringen können. Der Begriff „Weltanschauung" ist deshalb so wichtig, weil damit nicht nur die Religionsfreiheit, sondern auch die Freiheit vom Religionszwang garantiert werden.

Die Grundlage dieser internationalen Willenserklärung fußt in der „Allgemeinen Erklärung der Menschenrechte". Hier heißt es u. a.:

„Jedermann hat das Recht auf Gedanken-, Gewissens- und Religionsfreiheit; dieses Recht umfaßt die Freiheit, seine Religion oder seine Weltanschauung zu wechseln, sowie die Freiheit, seine Religion oder seine Weltanschauung allein oder in Gemeinschaft mit anderen öffentlich oder privat durch Unterricht, Ausübung, Gottesdienst und Beachtung religiöser Bräuche zu bekunden."

Hinter dieser prinzipiell-moralischen Feststellung verbirgt sich nicht nur das Bedürfnis nach Gott und Glauben, sondern auch nach Ordnung und Offenbarung: Die meisten Menschen haben nichts dagegen, wenn ihnen eine Autorität zeigt, wo es „langgeht“. So ist es verständlich, daß ein Gutteil der Weltbevölkerung, deren Glaube im Judentum, im Christentum oder im Islam fußt, sein Leben nach den Zehn Geboten richtet.

Die beiden Weltkriege haben die Grundfesten dieser monotheistisch-hierarchisch geordneten Gesellschaft zerstört. Der Rückzug der katholischen Kirche in (West-)Europa und der christlich-orthodoxen Kirchen in (Ost-)Europa, die damit parallel verlaufene Demontage der weltlichen Macht und deren Schwächung stellt nicht nur die Europäer diesseits und jenseits des Eisernen Vorhanges, sondern auch die Entwicklungsländer, die meist unvorbereitet in die Freiheit entlassen werden, vor schier unlösbare Probleme: Orientierungslosigkeit macht sich breit.

Aus den Überlebensstrategien vergangener Generationen ist ein „Unterlebenschaos“ der „No-future“-Generation geworden, die den Sinn — aber nicht das Bedürfnis — für Einheit und Ganzheit verloren hat. Als Folge dieser Unsicherheit öffnet sich eine Lücke zwischen dem verlorenen Totalitätsanspruch der (säkularisierten) Amtskirchen und dem neu aufgezwungenen Unlustgefühl der Richtungslosigkeit. Und genau in diese Lücke stoßen nicht nur die „New Age“-Bewegungen — die, im Gegensatz zu den alten Rationalismen der kirchlichen und staatlichen Autoritäten, das neue Zeitalter des Irrationalismus einläuten —, sondern auch die zahlreichen Sekten und Freikirchen.

Am Anfang der heutigen Sektenszene stehen die Verkünder des „Wassermann-Zeitalters“, die US-

Hippies, die mit Haut und „Hair“ von (neuen) Sekten und (alten) Spiritisten inhaliert werden.

Die Wassermannzeit löst 1962 die über 2 000 Jahre alte „Zeit der Fische“ ab und kündigt damit das „Zeitalter der Menschen“ an, die zwar seit ca. 4 Millionen Jahren die Erde bevölkern, sich aber erst vor rund 11 000 Jahren aus der Tierwelt lösten. Damit beginnt die immer noch nicht abgeschlossene geistige Entwicklung der Menschen:

• In der „Krebszeit“ (8860—6600 v. Chr.) lebt der Mensch im Clan und fürchtet sich vor göttlichen Urmüttern und -vätern. Während der ersten großen Wanderungen („Zwillingszeit“, 6600—4500 v. Chr.) übernimmt der „Große Geist“ die symbolische Führung. Zur Zeit der ersten großen Städte („Stierzeit“, 4500—2360 v. Chr.) herrscht bereits ein monotheistischer Ahnenkult.

• Die „Widderzeit“ (2360—200 v. Chr.) treibt die Menschen auf die zweite große Wanderschaft und gibt ihnen das (religiöse) Gesetz der Offenbarung: Juden, Chinesen, Inder legen die Grundsteine unserer Kultur in der ersten (industrialisiertes Christentum), in der zweiten (gefestigter Buddhismus) und in der dritten Welt (aufbrechende Mischreligionen). Auf diesem geistigen Boden wachsen die (christlichen) Amtskirchen und die (jüdischen) Schriftgemeinden, deren säkularisierte Machtpositionen die kulturell-politische Situation des Westens bestimmen.

• „Zeit der Fische“ von 200 v. Chr. bis 1962.

• Die „Wassermannzeit“ (seit 1962) ist das „Zeitalter der Menschen“ (Keyserling) und spiegelt herkömmliche Entwicklungen im Licht und in der Lautstärke der Kommunikationsgesellschaft wider. Den erbitterten Kampf der (religiösen) Fundamentalisten und der (politischen) Terroristen unserer Zeit vergleicht der „Prophet der Wassermannzeit", Arnold *Keyserling*, mit der „untergehenden Sonne, die besonders groß scheint, da sie hinter dem Horizont verschwindet".

Dieser Zeiteinteilung stehen esoterische Philosophen (Keyserling) genauso Pate wie die zahlreichen „Meister" der Magie (z. B. Voodoo-Zauber), der Mystik (ägyptisches Totenbuch) und des Mythos (Astrologie) samt Anhängern. Ihr gemeinsames Verbindungsglied heißt Okkultismus. Genaugenommen sind sie keine Religionsgesellschaften wie die Amts- und Freikirchen und auch keine Sekten, da sie die Bewegungsfreiheit ihrer Anhänger nicht einschränken; sie gliedern sich vielmehr in verschiedene parapsychologische, astrologische, okkulte Gesellschaften — sie werden also in diesem Buch nicht näher behandelt.

Ohne die geistige oder psychologische Bedeutung der zahlreichen okkulten Gruppierungen zu schmälern, können sie, wie z. B. die „Druiden", die „Satanisten", die „Rosenkreuzler" und andere Geheimbünde (siehe dazu das Buch „Geheimbünde in Europa" von Dolf Lindner aus unserer Serie), nicht als Sekten und erst recht nicht als Freikirchen angesehen werden.

Die Anhänger des „Schwarzen Rituals" magisch-masochistischer sadistisch-satanistischer Prägung beten das Böse, den Teufel an und steigern ihre sexuelle Energie bis zum (symbolischen) Töten. Der aus Ungarn stammende US-Bürger Anton Sandor *La Vey* ist der einzige „Satanist“, dem es mit seiner „Church of Satan“ gelingt — nachdem er sich von allen sadomasochistischen Praktiken lossagt —, eine anerkannte Freikirche in Amerika mit einigen europäischen Mitgliedern zu gründen. Das eigentlich „Satanische“ an seiner Ideologie ist die bewußte Blasphemie christlicher Rituale.

So ist es kein Wunder, daß sich die christliche, vor allem die katholische Kirche ernsthaft mit der „Teufelsaustreiberei“ („Exorzismus“) beschäftigt. Der vatikanische Ex-Diplomat Monsignore Corrado *Balducci* hat in seinem Handbuch über den Umgang mit dem Teufel ausgerechnet, daß genau 1 758 640 176 Luzifer-Leute die Menschheit bedrohen. Er und sein Amtsbruder Giuseppe *Del Ton* liefern auch genaue Anweisungen, wie man die bösen Teufel aus den armen Befallenen austreiben kann.

In allen Sekten und in einigen Freikirchen stoßen wir zwar auf okkulte Inhalte, doch stehen die homogenen Organisationsformen sowie eine strenge Hierarchie und nicht das Okkulte im Mittelpunkt. Die rationelle Uninformiertheit vereinigt sich hier mit der organisierten Uniformierung.

Das Gemeinsame aller Sekten und Freikirchen ist das Bestreben, eine religiöse Antwort auf psychologische Fragen zu geben, und sie nützen damit das konkrete, rationelle Bedürfnis der Menschen nach irrationalen Möglichkeiten der Angstbekämpfung aus. Da sie eine homogene Gemeinschaft in einem äußerst eingeengten Freiheitsraum bilden, müssen sie ihr Leben kompromiß- und kommentarlos nach der jeweiligen Lehre führen. Während die Freikirchen überwiegend christlichen Ursprungs sind, beziehen die meisten Sekten ihre Ideologie aus einer abendländisch-ostasiatischen Mischung.

Älter als die verschiedenen Sekten im europäischen und angloamerikanischen Raum sind die Freikirchen. Ihre Wurzeln reichen bis in die Zeit des Westfälischen Friedens (1648) zurück. Damals wurde nach dem stark religiös beeinflußten Dreißigjährigen Krieg festgelegt, daß alle religiösen Gemeinschaften — außer der römisch-katholischen, der lutherischen und der reformierten — „Freikirchen" sind. Diese 300 Jahre alte Definition kann man heute nicht mehr in ihrer ursprünglichen Form übernehmen. Es wäre auch nicht sinnvoll, die in unserem Kulturkreis beheimateten nichtchristlichen (Israeliten, Ismaeliten, Buddhisten usw.) und christlichen Religionen (altkatholische, anglikanische Kirche usw.) als Freikirchen zu bezeichnen.

„Sekten" und „Sektierer" werden im allgemeinen als herabsetzende Schimpfworte verwendet. Wir wollen uns dieser (Ab-)Wertung nicht anschließen; wir wollen vielmehr die psychologische Situation analysieren und die Sekten und Freikirchen möglichst wertfrei darstellen.

Trotzdem müssen auch wir, schon der Übersichtlichkeit wegen, zwischen Sekten und Freikirchen unterscheiden. Als einzig brauchbare Unterscheidungsmerkmale erscheinen uns die Anwerbungsformen künftiger Mitglieder (militant bei den Sekten, konziliant bei den Freikirchen) und die gewährten Freiräume (eingeengt in den Sekten, großzügiger in den Freikirchen).

Viele religiöse Bewegungen, Sekten wie Freikirchen, werden immer wieder verdächtigt, außerhalb der rein religiösen Ziele auch andere, vorwiegend politische, aber auch finanzielle Ziele zu verfolgen. So wird der Gründer der Vereinigungskirche (auch als Moon-Sekte bekannt) verdächtigt, von Südkorea aus militante antikommunistische Aktivitäten zu entwickeln — seine Anhänger müssen bereit sein, ihr Leben für dieses Land zu opfern. Im Westen vergißt man dabei, daß alle koreanischen Religionen, Ideologien und Weltanschauungen (im kommunistischen Norden wie im antikommunistischen Süden) dieses radikal-nationalistische Element in sich tragen. Warum also nicht auch die „Moon-Jünger“? Darüber hinaus ist die Ideologie des Reverend San Myung *Mun* („Moon“) — Vereinigung der Nationen, Rassen und Religionen zur Schaffung eines einheitlichen Gottesreiches auf Erden — für viele attraktiv und spricht, wie der „Familiencharakter“ dieser Sekte, gerade viele junge Menschen an; auch solche, die weder aus einer zerrütteten Familie kommen noch drogenabhängig sind.

Die Risikogruppe der für die Sekten Ansprechbaren rekrutiert sich aus psychisch labilen jungen Menschen, denen die Loslösung von den Eltern mißlingt. Sie geraten in eine Zwickmühle: Um ihr gestörtes inneres Gleichgewicht wieder zu erlangen, suchen sie die Nähe esoterisch-religiös-hierarchischer (Glaubens-)Gemeinschaften. Sie verlassen das „Elternhaus“ und wechseln in ein „Guruhaus“ über.

Anders die psychologische Grundstruktur der jungen Menschen, die in eine der Freikirchen hineinwachsen. Sie haben es, im Gegensatz zu den „Gurukindern“, leicht: Fast immer gehören schon ihre Eltern der betreffenden Freikirche an.

Die Hauptunterschiede:

Sekten

Die Eltern gehören einer Amtskirche an.
Pubertäre Entwicklungsstörung.
Abkoppelung von den Eltern.
Statt „Elternhaus“: „Guruhaus“.
Tendenz zur innerlichen Vereinsamung.
Problematische Schulzeit und mangelhafte Berufsausbildung.
Abwendung von der „materiellen Einstellung“ der Eltern.
Sinn-Suche auf eigene Faust.
Keine „Bezugspersonen“ in Familie, Schule, Beruf.
Unerfüllte Suche nach Geborgenheit.
Angst vor Verantwortung.
Auf dem Weg zu esoterischen Utopien.

Freikirchen

Die Eltern gehören einer Freikirche an.
Zähflüssige Pubertätsentwicklung.
Keine Abkoppelung von den Eltern.
„Elternhaus“ und „Kirchenhaus“ sind identisch.
Gezielte Einbindung in die Familie und in die religiöse Gemeinschaft.
Angstgeminderte Schulzeit, bewußter Berufseinstieg.
Im Elternhaus rangiert die geistige vor der materiellen Existenz.
Vorgegebene und erlebte Sinn-Suche.
„Bezugsperson“ in der Familie strahlt trichterförmig auf Schule, Berufswelt aus.
Erfüllte Suche nach Geborgenheit.
Verantwortung verhindert Angst.
Auf dem Weg religiöser Realitäten.

1980 verüben Mitglieder der amerikanischen „Volkstempel“-Sekte in Guayana einen Massenselbstmord; unter dem Einfluß schwerer Drogen „verabschieden“ sie sich vom Diesseits, nackt, wie Gott sie schuf. Seit dieser Zeit assoziiert man (Jugend-)Sekten gerne und oft mit dem Massenmord in Lateinamerika.

Vor allem die etablierten (Amts-)Kirchen wettern gegen die Sekten, obwohl z. B. — wie das der Psychiater Charles E. *Norton* nachweist — katholische Klostergemeinschaften starke Ähnlichkeiten mit den Jugendsekten aufweisen: Die nach innen gewandte Abgeschiedenheit, Beschränkung der Außenkontakte auf ein Minimum, kollektive religiöse

Rituale ohne Realitätsbezug, härteste Arbeit ohne materielle Entlohnung und auch den moralischen und psychischen Druck gegenüber Austrittswilligen findet man in einer Klostergemeinschaft genauso wie unter Guru-Jüngern.

Die Amts- und die Freikirchen haben gegenüber den Sekten einen großen Vorsprung: Bereits Babys gehören ihr durch die Taufe als (später) zahlende Mitglieder an; zu Sekten kommen erst „mündige" Mitglieder.

Aber auch die Sekten haben einen Vorsprung vor den Kirchen: Während die mehr oder weniger säkularisierten, allseits anerkannten und akzeptierten großen Religionsgemeinschaften sich der Gesellschaft gegenüber systemkonform zeigen und sich auf karitative Aktivitäten und moralische Appelle beschränken müssen, bemühen sich die Sekten (mehr oder weniger glaubhaft), Alternativen aufzuzeigen. So gehören die „grünen Gurus", religiöse Umweltschützer, Umverteiler, Friedensvermittler und Freiheitsbeschränker, zum Alltag in der Sekten-Szene.

Diesen nicht zu unterschätzenden Vorsprung erkennen und nutzen die Sektenwerber. So kommt es immer wieder vor, daß solche „Missionare" auf offener Straße, vorwiegend in Fußgängerzonen, junge Menschen ansprechen, die einen unglücklichen Eindruck machen, wobei männliche Werber die Mädchen und weibliche die Männer kontaktieren. Die problembeladenen potentiellen Sektenanwärter haben in diesem Stadium meist nichts — außer Zeit; vor allem aber keine Gesprächspartner. Deshalb reagieren sie meist gerne auf die angebotene Aussprache, wobei sich die Werber in diesem Vorstadium ausschließlich auf die persönlichen Probleme beschränken. Das Echo ist dementsprechend gewaltig.

Reagiert der Angesprochene, so wird mit ihm/ihr ein fixes Treffen bereits im Versammlungshaus ausgemacht. Dort wird der Interessierte einem psychologischen Persönlichkeitstest — immer mit „gutem Ergebnis"! — unterzogen. Diese zweite Anwerbungsphase geht systematisch in eine Gruppenarbeit über, wo entgegen den guten „Erfolgen" beim Persönlichkeitstest die zum Delinquenten degradierten Interessenten „am Boden zerstört" werden — nicht ohne ihnen anschließend einen nur durch die jeweilige Sekte ermöglichten Ausweg zu präsentieren.

Die Sekten haben sich in den letzten zwei Jahrzehnten „etabliert"; wenn auch nicht in Form von gesellschaftlicher Anerkennung, so doch — einem multinationalen Unternehmen gleich — durch internationalen Erfolg. Dazu aber müssen sie sich nicht nur der Nachfrage — Sinn-Suche psychisch labiler Menschen — anpassen, sondern auch ihr Angebot festigen und institutionalisieren:

- Patriarchalische Führer-Figuren stoßen in eine „vaterlose Gesellschaft" vor.

- Strenges Reglement und durch „Liebe" verdeckte Hierarchie weisen jedem seinen Platz in der Gemeinschaft zu.

• Gebete und Gesänge wirken wie Drogen, festigen und verstärken das religiöse Zusammengehörigkeitsgefühl.

Ein scheinbar elitäres Bewußtsein vermittelt den Sektenmitgliedern das Gefühl, ein „besserer“ Mensch und auf dem Weg zur Erleuchtung zu sein.

Strenggenommen verwirklichen die Sekten alte, konservativ-traditionelle Formen unserer Gesellschaft. Schließlich sind uns patriarchalische Hierarchien und Rollenzuweisungen für alle Menschen in und außerhalb der Familie genauso bekannt wie das „Auserwähltsein“ der Juden als Reaktion auf ihre jahrtausendealte Verfolgung.

Wie sieht die Realität in den Sekten aus?

Margaret Thaler *Singer*, Professorin für Psychiatrie an der University of California in San Francisco, ist Gerichtsgutachterin in Prozessen, in denen Eltern ihre Kinder aus Sekten zu befreien versuchen. Sie organisierte Diskussionsgruppen mit rund 100 jungen Menschen, die Erfahrungen mit Sekten gemacht haben.

Im Gegensatz zu den „Retter-“ und Therapiegruppen, die es seit den siebziger Jahren auch in Österreich, in Deutschland und in der Schweiz gibt, will Prof. Singer nicht lehren (wie man aus den Sekten herauskommt), sondern selbst lernen, die psychische Not der Betroffenen besser zu begreifen. In diesen Gruppen bekam Margaret Singer wichtige Informationen über den Aufbau und die angewandten Techniken der Sekten.

Die wichtigsten Fragen, vor allem für die Eltern der „Sektenjünger“, sind der — von den Sekten verlangte — Gehorsam und die bedingungslose Ergebenheit:

- Wichtig ist, wie die Sektenideologie artikuliert und wie glaubhaft sie unter den Mitgliedern verbreitet wird.
- Der soziale und psychologische Druck lastet schwer auf den Sektenjüngern, wobei diese Last meist lustvoll erlebt wird.
- Verschiedene Techniken schränken die Kritikfähigkeit stark ein und beengen die individuellen Beziehungen. Vor allem unterbinden sie jeden Kontakt mit der Außenwelt. Die „alte Familie" — Eltern und Geschwister — soll durch die „neue" — Gurus, „Brüder" und „Schwestern" — abgelöst werden.

Zentrales Anliegen jeder Sekte ist die ununterbrochene Beschäftigung aller Mitglieder: Es wird nicht nur stundenlang gebetet und gesungen, sondern es gibt Vorträge und Meditationen, die mehrere Tage und Nächte dauern können. In einer Zen-Sekte z. B. wird an 21 aufeinanderfolgenden Tagen täglich 21 Stunden meditiert; und das mehrmals im Jahr.

Ein nicht zu unterschätzender Teil der jugendlichen Sektenmitglieder fühlt sich aber auch hier nicht mehr geborgen. Nach einem anfänglichen Enthusiasmus bröckelt die Begeisterung ab. Gelingt es der Sektenführung nicht, den Zweifelnden zu „festigen", so sucht dieser den Kontakt zu seiner Familie. Schon die ersten, vorsichtigen Versuche einer Heimkehr müssen von den Eltern entsprechend wahrgenommen werden. Als bestes Mittel, ihre Kinder aus den Sekten freizubekommen, empfiehlt Margaret Thaler Singer ebenso wie die Fachleute der ersten großen wissenschaftlichen Tagung in Deutschland („Probleme im Zusammenhang mit den sogenannten Jugendreligionen“, von der Deutschen Gesellschaft für Kinder- und Jugendpsychiatrie und von der Bundeskonferenz für Erziehungsberatung 1978 durchgeführt) den betreffenden Eltern, eine gerichtliche Vormundschaft über ihre Kinder zu erwirken. So kann man sie auch zwangsweise aus der Sekte herausholen.

Wenn es Eltern mit gerichtlicher Hilfe gelingt, ihre Kinder aus einer Sekte zu befreien, müssen sie sich auf große psychische Probleme mit den „Befreiten“ gefaßt machen. Abgesprungene Sektenmitglieder leiden — trotz Zweifel und Verunsicherung — unter starken Schuldgefühlen („Ich kann doch meine Brüder und Schwestern nicht im Stich lassen!“) und fürchten sich vor Vergeltung; meist haben sie auch jeden Sinn für die Realität des Lebens verloren. So stellen ehemalige Sektenmitglieder immer wieder fest, daß sie mit Streß und Schwierigkeiten nicht mehr fertigwerden; ihnen fehlt die entmündigende „Geborgenheit“ der Sektengemeinschaft.

Allen Sekten gleich ist die aggressive Vereinnahmung ihrer Mitglieder und die Kollektivierung des Gruppenlebens. So verneint die auch im deutschsprachigen Raum vorhandene Sekte der „Norweger“, die nach ihrem Begründer Johan Oskars *Smith* „Smith’ Freunde“ („Smith’ venner“) heißt und deren Urchristengemeinde in Ål, drei Autostunden von der norwegischen Hauptstadt Oslo entfernt, beheimatet ist, jedwede Individualität ihrer Anhänger. Sie leben, wie „Jehovas Zeugen" und auch viele US-Protestantengemeinden, streng nach der Bibel, kleiden sich betont schlicht und einfach. Da sie bemüht sind, ihre Anhänger aus der beruflichen und familiären Umgebung zu entfernen, sind sie — nach unserer Definition der Freiheitseinengung — mehr Sekten als Freikirchen.

Die Welt der Religion(en) kennt kaum Grenzen: Sie sind nicht nur zwischen Sekten und Freikirchen schwer erkennbar, sondern auch in der zeitlichen Entwicklung zwischen gestern und morgen kaum wahrnehmbar. So ist es gar nicht falsch, im protestantisch-evangelischen Christentum eine „Sekte" der römisch-katholischen Kirche, in dieser eine des jüdischen Glaubens und in diesem wieder eine des ägyptischen Monotheismus zu sehen. Wichtiger jedoch als diese Spitzfindigkeit ist die Ähnlichkeit in der sogenannten „Gegenkultur". Die meisten Sektenforscher entdecken in freireligiösen Gemeinden eine gesellschaftliche Gegenkultur zu unserem herrschenden Politsystem. Und genau die gleichen Merkmale einer (revolutionären) Gegenkultur zeigen die Christen der römischen und der hellenistischen Religion und Philosophie (Gnosis, Stoa, Neuplatonismus) gegenüber. Erst die zunehmende Machtposition des Christentums unter Kaiser Konstantin hat aus der (oppositionellen) Gegenkultur eine (herrschende) Staatskultur gemacht. Und die Entwicklung geht weiter . . .

***D**ie historische Entwicklung der Religionsfreiheit von der Unterdrückung bis zur staatlichen Anerkennung.*

Um seine Ordnungsfunktion wahrzunehmen, muß der Staat auch gegenüber den Religionen Stellung beziehen. Bei Wahrung der verfassungsmäßig garantierten Religionsfreiheit behält sich der demokratische Staat vor, den „neuen Religionen" erst nach sorgfältiger Prüfung die volle rechtliche Anerkennung zu gewähren. Während in der Schweiz die einzelnen Kantone individuell entscheiden, müssen sich die Sekten und Freikirchen in der Bundesrepublik Deutschland für die Anerkennung als „eingetragener Verein" (e. V.) bemühen, herrschen in Österreich die — vergleichsweise — strengsten Bestimmungen: Hier erteilt das Kultusamt (eine Abteilung des Unterrichtsministeriums) die Anerkennung; die nichtanerkannten Religionen können nur als Verein arbeiten.

Der Weg von der Unterdrückung über die bloße Duldung bis zur vollen Anerkennung der nichtkatholischen „Religionsgesellschaften" (so die offizielle Formulierung) ist in Österreich lang:

- Eine große Zahl orthodoxer Serben, die Ende des 17. Jahrhunderts nach Wien kommen, bewegen Kaiser Josef II. nebst anderen politischen und wirtschaftlichen Gründen, die orthodoxen Christen, nach Juden und Evangelischen (Lutheraner und Calvinisten), zu tolerieren (1781).

• Die echte religiöse Gleichberechtigung kann erst in der bürgerlichen Revolution (1848) verwirklicht werden. Im Jahr des österreichisch-ungarischen Ausgleichs (1867) findet schließlich die religiöse Toleranz Eingang in das Staatsgrundgesetz der Monarchie. Das Anerkennungsgesetz (1874) schafft die rechtliche Grundlage für fast alle heute in Österreich anerkannten Religionen.

• Mit der Einverleibung Bosniens und der Herzegowina kommen immer mehr Muslims nach Österreich, so daß sich die Regierung gezwungen sieht, auch den Islam (1912) anzuerkennen.

Alle übrigen gesetzlich anerkannten Kirchen und Religionsgemeinschaften fanden die Anerkennung aufgrund des Anerkennungsgesetzes erst nach dem Zweiten Weltkrieg. Durch die großen Bevölkerungsbewegungen einerseits und durch die engen Beziehungen zum angloamerikanischen Raum andererseits kamen viele Menschen der verschiedensten Bekenntnisse nach Österreich, die hier die Anerkennung für den staatlichen Bereich als Religionsgesellschaft betrieben und erhielten, so daß heute in Österreich zwölf vom Unterrichtsministerium anerkannte Kirchen und Religionsgesellschaften bestehen: Katholiken, Protestanten (A. B. und H. B.), Islam, Orthodoxe (Griechisch, Serbisch, Rumänisch, Russisch, Bulgarisch), Juden, Altkatholiken, Methodisten, Mormonen, Armenisch-Apostoliker, Neu-Apostoliker, Buddhisten und Serbisch-Orthodoxe.

Entsprechend dem Selbstverständnis dieser Kirchen kommt es für den staatlichen Bereich zu verschiedenen Besonderheiten. Zur katholischen Kirche gehören neben dem lateinischen Ritus auch alle anderen Jurisdiktionsriten der römisch-katholischen Kirche; insbesondere ist dies der orientalische Ritus (St. Barbara in Wien) und der armenische Ritus (Mechitaristen in Wien). Die Evangelische Kirche des Augsburgischen Bekenntnisses (Lutheraner) und des Helvetischen Bekenntnisses (Reformierte) sind zur Evangelischen Kirche A. B. und H. B. entsprechend ihrer Kirchenverfassung zusammengefaßt. Die Griechisch-Orientalische oder Orthodoxe Kirche umfaßt alle Wiener Gemeinden und die Metropolis von Austria der Griechisch-Orthodoxen Kirche, zu welcher die beiden griechischen Gemeinden „Zur Hl. Dreifaltigkeit" und „Zum Hl. Georg" gehören. Die anderen vier Wiener Kirchengemeinden unterstehen entsprechend ihrer nationalen Zugehörigkeit den verschiedenen autonomen Patriarchaten: die serbische Kirchengemeinde „Zum Hl. Sava" dem Belgrader Patriarchat, die rumänische Kirchengemeinde „Zur Hl. Auferstehung" dem Bukarester Patriarchat, die russische Kirchengemeinde „Zum Hl. Nikolaus" dem Moskauer Patriarchat und die bulgarische Kirchengemeinde „Zum Hl. Iwan Rilski" dem bulgarischen Patriarchat in Sofia. Gemeinsam ist allen diesen orthodoxen Einrichtungen die Glaubenslehre, wie sie sich in den Konzilsbeschlüssen des ersten Jahrtausendes manifestiert. Zu diesen orthodoxen Kirchen zählen daher nicht die Armenisch-Apostolische und die Syrisch-Orthodoxe Kirche, welche beide schon im Altertum die Beschlüsse des Konzils von Chalkedon im Jahr 451 nicht mehr anerkannten. Diesem Umstand ist für den staatlichen Bereich dadurch Rechnung getragen, daß die beiden zuletzt genannten Kirchen nicht aufgrund des Orthodoxengesetzes, sondern aufgrund des Anerkennungsgesetzes die Regelung für den staatlichen Bereich fanden.

Die „neuen Religionen" — vor allem die Sekten — werden fälschlicherweise auch als „Jugendreligionen" bezeichnet, obwohl ihre Mitglieder nicht immer jung sind und sie sich keineswegs nur auf die Religion beschränken. So vertritt z. B. die „Transzendentale Meditation" eine psychologische und die „Neue Akropolis" eine philosophische Richtung; es wäre falsch, sie für Sekten zu halten.

Die Regierung der Bundesrepublik Deutschland nennt diese Schwierigkeiten beim Namen; so wandte sie sich 1980 an den Petitionsausschuß des Deutschen Bundestages: „Die Bundesregierung beobachtet, daß zahlreiche junge Menschen aus zum Teil sehr verschiedenen Gründen der Auseinandersetzung mit der Wirklichkeit ausweichen und die Teilnahme am gesellschaftlichen Prozeß verweigern ... Mit dem Begriff ‚Jugendreligionen' werden sehr verschiedene Gruppierungen angesprochen. Sie wenden sich nicht nur an Jugendliche, sondern insbesondere an junge Erwachsene, einige Gruppen auch an ältere Menschen. Der Anteil der unter 18 Jahre alten Mitglieder ist wohl infolge der öffentlichen Kritik im Gegensatz zum Anfang der siebziger Jahre heute minimal."

Am schwersten kann man wohl den Begriff der

„Sekte" definieren. Aus der Fülle wissenschaftlicher (und theologischer) Erklärungsversuche soll hier nur eine Begriffsbestimmung, und zwar die von H. J. *Geppert,* zitiert werden: „Eine Sekte ist nach allgemeiner Definition eine religiöse Gruppe, die ein Moment einer Religion überbetont und auf die anderen Momente dieser Religion weithin verzichtet."

Vertreter der Amtskirchen kennen die Gründe, die Menschen in die Sekten treiben; so auch Pfarrer Walter *Schmidt,* Sektenbeauftragter der evangelischen Landeskirche Württemberg: „Gerade in einer immer abstrakter werdenden Gesellschaft ist die Sinnhaftigkeit und die Identitätserfahrung immer schwerer zu vermitteln. In diesem Zusammenhang greifen junge Menschen hinaus in andere kulturelle Traditionen wie Meditationsbewegungen, Yoga, Zen-Buddhismus oder andere östliche Meditationstechniken. Sie versuchen, dort die Sinnerfahrung und Identitätserfahrung zu machen und den Weg nach innen zu gehen, da sie in unserer Gesellschaft den Weg nach außen nicht mehr hinbekommen."

Einen Schritt weiter geht der deutsche Politologe Hans-Peter *Waldrich:* „Solange die Gesellschaft den Individuen den Weg zu ihren wahren Möglichkeiten versperrt, Menschen verkrüppelt und in ihrer Verkrüppelung ohnmächtig isoliert, wird es Protest und Rebellion gegen diesen Zustand geben. Die Rebellion heutiger Sekten, ihr Exodus aus gesellschaftlicher Gefangenschaft, ist eine Möglichkeit des Protests. Leider besteht dieser Protest der Sekten in einer Flucht in die totale Selbstaufgabe: Er bleibt deshalb wirkungslos, wirkungslos für die Gesellschaft und wirkungslos für das bekehrte Individuum. An die Stelle möglicher Freiheit tritt eine neue Entfremdung im Gefängnis einer Wahnwelt."

Im Gegensatz zu den Freikirchen (z. B. „Jehovas Zeugen") bemühen sich die Sekten, vor allem junge Menschen anzusprechen, da diese religiösen Gedanken gegenüber zugänglicher und unbelasteter sind als ältere. Dazu der „Schweizerische Beratungsdienst Jugend und Gesellschaft":

„So wie der Jugendliche sich für alles interessiert, hat er auch das Bedürfnis, sich über Religion zu informieren. Mehr noch, gerade in dieser Lebensphase tritt die Frage nach dem Sinn, der hinter dem Leben steht, ganz besonders in den Vordergrund. Der Jugendliche möchte sich nicht nur über religiöse Fragen informieren, er möchte sich auch mit anderen darüber auseinandersetzen."

Trotz des stark vorhandenen Bedürfnisses nach einer religiösen Gemeinschaft ist die Sektenwerbung nur selten religiös ausgerichtet; mit den potentiellen Mitgliedern diskutiert man nicht über Gott, sondern über die eigenen Schwierigkeiten.

Die „Götter" findet man immer in der eigenen Gemeinschaft. Einst waren es angebetete Lehrerinnen und Lehrer in der Schule, dann ein besonders attraktiver Geistlicher, später der sympathische Chef bis zu den „Führern" extremer politischer Parteien. Am wirksamsten ist es, wenn diese Führer und Fürsten, Meister und Macher, Gurus und Götter die Vertreter einer esoterischen (nur für Eingeweihte) oder metaphysischen, religiösen und reinkarnativen Bewegung sind: Augenscheinlichstes Beispiel hiefür sind die schiitischen Terroristen, die morden und beten. Daher ist die hervorstechendste Eigenschaft nahezu aller (Jugend-)Sekten die „göttliche“ Geborgenheit in der Gruppe.

Danach sehnen sich die „sektenanfälligen“ jungen Menschen. Ihre Sehnsucht nach Überschaubarkeit und Geborgenheit ist nichts Neues; bereits Jesus und seine Jünger, die zwölf Apostel, entsprachen diesem Bedürfnis, das erst in den Sekten ihre drastische Ausprägung fand — ob sie nun asiatischen Ursprungs (Krishna-Bewegung) oder christlicher Abstammung (Scientology) sind, ist gleichgültig. Sie liefern wie auf Knopfdruck fertige Antworten in knapper, verständlicher Kurzform auf alle nur möglichen Fragen. Der aus der indischen Stadt Poona nach Oregon (USA) ausgewanderte Rajneesh Chandra *Mohan*, der sich „Bhagwan“ („Gott“) nennt, San Myung *Mun*, Messias der Vereinigungskirche, oder Maharashi *Mahesh Yogi*, der Führer der „Transzendentalen Meditation“, fühlten sich genauso erleuchtet wie David *Berg*, der „göttliche Vater“ der Family of Love (Kinder Gottes).

Eine zweite grundlegende Eigenheit aller Sekten ist die anscheinende Verknüpfung von Gegensätzen wie z. B. „Freiheit“ und „Gehorsam“. So heißt es im Scientology-Church-Bulletin: „Da Scientology die totale Freiheit bringt, muß sie auch die Macht haben, totale Disziplin zu üben.“ Und kaum jemand hinterfragt diese Widersprüche.

Wie die großen monotheistischen Religionen (Heilige Schrift der Juden, Altes und Neues Testament der Christen und Koran der Mohammedaner) haben auch die Sekten ihre gültigen Werke und eine Unzahl aktueller Publikationen, wie z. B.:

- die „Göttlichen Prinzipien" der Vereinigungskirche
- die Mo-Briefe der Kinder Gottes
- die Dianetic-Kursbriefe der Scientology-Kirche

Nicht nur in den Schriften gleichen einander Sekten, Amts- und Freikirchen, sondern auch in der Forderung nach Geld. Analog der Kirchen- und Kultussteuer müssen auch die Sektenmitglieder finanzielle Opfer bringen. Mit dem einen, wenn auch gravierenden, Unterschied: Während sich die Amts- und Freikirchen mit der Überweisung der (meist monatlichen) Mitgliedsbeiträge begnügen, versuchen die Sekten — gewissermaßen als Arbeitgeber — die gesamte Produktionskraft ihrer Mitglieder auszubeuten. In diesem Zusammenhang zitiert H. J. *Geppert* eine junge Frau, die Mitglied der Vereinigungskirche war:

„Ich war neun Monate lang Mitglied der Vereinigungskirche in Amerika und habe für sie gearbeitet, Blumen und alles mögliche verkauft. Man mußte täglich einen bestimmten Betrag einbringen, und wenn man unter dieser Grenze war, durfte man einen Tag lang nichts essen. Wenn der Betrag sehr niedrig war — unter 70 Dollar —, dann durfte man nachts nicht schlafen. Wir mußten dann die ganze Nacht irgendwo vor einem Restaurant, das 24 Stunden geöffnet hatte, verkaufen. Der Tagessatz lag ungefähr bei 150 bis 200 Dollar. Zur Weihnachtszeit haben wir aber täglich 400, 500, manche sogar bis zu 1 000 Dollar eingenommen."

In Deutschland, aber auch in Österreich und in der Schweiz wird der Straßenverkauf durch Sekten unterbunden; so machte man in der Bundesrepublik bereits Anfang der siebziger Jahre den Krishna-Jüngern wegen „Sammelbetrugs" den Prozeß. Deshalb benützen die Sekten, vor allem in den drei deutschsprachigen Ländern, ihre Mitglieder als Finanzierungsquellen. Sie müssen ihren gesamten Besitz samt künftigen Erbansprüchen an die Sekten abtreten. Die dritte Finanzquelle stellen verschiedene Kursbeiträge dar, die von 1 400 Schilling (200 DM) bis 140 000 Schilling (20 000 DM) reichen. Wer sich beruflich einer Sekte verschreibt und vom einfachen Funktionär („Lehrer") zum Leiter („Gouverneur") aufsteigt, muß regelmäßig größere Beträge aufbringen. Auch die verschiedensten Hilfsmittel müssen für horrende Beträge gekauft werden.

Die gute ökonomische Fundierung der Sekten und der Freikirchen veranlaßt uns, sie nicht nur nach ihren Inhalten, sondern auch nach ihren Methoden zu beurteilen:

- Die Amerikaner fürchten die Sekten aus psychologischen, die Deutschen aus politischen, die Franzosen aus gesellschaftlichen und die Japaner aus wirtschaftlichen Gründen.

- Der Widerstand gegen die Sekten ist, vor allem in den USA, stark. Tonangebend dabei ist die „Stiftung für die Freiheit der Bürger" („Citizen's Freedom Foundation") mit ihrem „Informationsdienst". Ähnliche Ziele verfolgt die deutsche „Elterninitiative zur Hilfe gegen seelische Abhängigheit und religiösen Extremismus e. V." der evangelisch-lutherischen Kirche und die „Aktion Jugendschutz" der katholischen Kirche, aber auch die verschiedenen, vor allem (amts-)kirchlich geführten Beratungsstellen in Österreich und in der Schweiz; so hat z. B. die Erzdiözese Wien ein eigenes Sektenreferat.

• Immer wieder hört man das Argument, daß Sekten eine „falsche Antwort" auf eine „richtige Frage" geben, und deshalb sind die Amtskirchen bemüht, der Jugend die religiöse Erziehung zu vermitteln, die sie Sekten gegenüber immunisiert.

• Bereits die Begriffsverwirrung — was Sekten überhaupt sind — trägt zu ihrem schlechten Image bei. So steht der Begriff „Sekten" seit urdenklichen Zeiten für „Abspaltung", er signalisiert aber auch die unbedingte Bereitschaft zum „Führer-Kult" (folgen = sequi, secutus).

• Die ungeklärte Herkunft der meisten Sekten verstärkt ihre allgemeine Ablehnung. Einige, wie z. B. die Krishna-Bewegung, aber auch die verschiedenen Meditations- und Zen-Schulen, wurzeln in der orientalisch-ostasiatischen Kultur, andere wiederum geben sich wissenschaftlich-esoterisch (Scientology-Kirche, Christian Science, Rosenkreuzler), es gibt aber auch politisch orientierte Sekten (Vereinigungskirche der Mun-Anhänger).

• Im Fahrwasser der Sekten tauchen — wie bereits erwähnt — auch betont brutale Bewegungen („Satanismus") auf. Sie feiern eine „Wiederkehr des Teufels" und zeigen, daß „das Böse wieder Hochkonjunktur hat" (Pfarrer Bernhard *Wolf*, Tutzing). Ihr Ritual ist eine besonders harte Rockmusik („Black Metal"), die vor allem junge Menschen mit Pubertätsstörungen ungünstig beeinflußt.

• Die bunte Vielfalt der Religionen und Freikirchen, ihr uneinheitliches Erscheinungsbild macht eine (wertende) Selektion nahezu unmöglich. Daher ist es einfacher, sie alle in Bausch und Bogen zu verurteilen; gerecht ist diese Aburteilung allerdings nicht. Daher ist es notwendig, bevor wir uns ein Urteil über sie erlauben, die einzelnen Sekten und Freikirchen — in diesem Buch müssen wir allerdings eine Auswahl treffen — einzeln zu analysieren. Wir sollten dabei jedoch einen möglichst ungetrübten Blick behalten.

Aus dem Bedürfnis-Boden der Menschen nach Ordnung und Offenbarung sprießen alle Religionen. Sekten und Freikirchen profitieren aus dem Machtverlust der Amtskirchen. Unsere „Wassermannzeit" schafft die Basis der neuen (Jugend-)Religionen. Mitgliederwerbung und Freiheitsräume sind der Unterschied zwischen Sekten und Freikirchen, die alle bemüht sind, Sinnhaftigkeit und Identitätserfahrung zu vermitteln. Religionen kennen keine Grenzen und haben einen fließenden Ursprung.

Bhagwan und Krishna: Neue Liebe — altes Lied

Bhagwan: Bekanntgeworden als Sex-Sekte, wollen die Jünger ihr Ich „loslassen", um zu einer „Transzendenzerfahrung" zu gelangen: „kosmischer Orgasmus" statt gewöhnlicher Sex.
Hare Krishna: 1 728mal täglich „Hare Krishna"-Singen befreit aus dem „Rad der Wiedergeburt". Die Sekten-Askese verbietet Fleisch und Sexualität.

Sax über Sex: „„Ooohhmmmhm!' — Jeder Gymnasiast mit Fernweh weiß um diesen Ton. Es ist die Buchstaben gewordene Akustik des indischen Flusses Ganges. Hermann *Hesses* Siddharta erfuhr durch sie seinen Sinn, nachdem seine tantrische Liebhaberin sich tödlicherweise auf eine Giftschlange setzte ... Und so singen wir, 14 nackte Shaktis und Shivas. Gleichzeitig mit dem Summen soll ich mein Yantra denken, um einen ersten Schub Sex-Energie aufzufassen." Soweit Manfred Sax in der Zeitschrift „Wiener" (4/88).

So sieht und erlebt ein Außenseiter die Bhagwan-Gemeinschaft. Für die Anhänger („Sannyasins") des einstigen Philosophieprofessors Rajneesh Chandra *Mohan* — der 1931 in Mittelindien die Welt seiner späteren Erfolge erblickt und in der indischen Stadt Poona die Selbsterleuchtung durch Liebe und Lust predigt und sich „Bhagwan" („der Erwachte") nennt — ist jedoch das sexuelle Erlebnis nur ein Nebenprodukt ihrer allwöchentlichen Meditation.

In ihrem Kampf gegen die Angst vor dem Alleinsein und dem Streß wollen sich die Sannyasins von der „Hypothek der Vergangenheit“ wie von den „Plänen der Zukunft“ lossagen und nur mehr die Gegenwart genießen. So lauten zwei aus ihren Hauptforderungen: „Lebe von Moment zu Moment“ und „Akzeptiere dein Menschsein mit großer Freude“.

Im US-Bundesstaat Oregon will der Guru 1981 sein Reich — „Rajneeshpuram“ getauft — schaffen und dort in Frieden und Reichtum leben. Während er in seiner ersten Kolonie in Poona Aussteiger aus Europa und den USA als „Blumenkinder“ um sich sammelt, müssen seine Anhänger im Sektenstaat hart und für den Bhagwan lukrativ arbeiten; zahlreiche Restaurants und Diskotheken vermehren den Reichtum für die Sekte. Und dann löst Ma Anand Sheela, seine Generalsekretärin und Vertraute der „Oregon-Zeit“, einen Riesenskandal aus. Hals über Kopf muß der Guru Amerika verlassen und kehrt nach Poona zurück, wo er nach anfänglichen Schwierigkeiten mit Behörden und Nachbarn seine „Weltakademie der kreativen Wissenschaften“ (neu) gründet.

Die Analyse der Bhagwan-Bewegung ist nicht leicht, da sie bewußt zahlreiche hinduistische Elemente (z. B. Tantrismus) mit westlichen psychotherapeutischen Lehren (z. B. die Psychoanalyse von C. G. *Jung*) mischt. Mit dieser ost-religiösen und west-psychologischen Praxis will der Guru das „Ich zertrümmern, um zu einer Transzendenzerfahrung“ zu gelangen. Die notwendige Energie, die zu dieser Umgestaltung führt, bewegt sich zwischen Sex und Spiritualität.

Ziel der angewandten Lehre ist das Erreichen des „kosmischen Orgasmus“, der den „gewöhnlichen Sex“ ablöst und direkt in den Zustand des „All-Eins-Seins“ („Samadhi“) führt.

Um dieses Ziel zu erreichen und aus Gründen sehr weltlicher Entwicklungen durchlief die gesamte Organisation drei Stadien:

- Sieben Jahre hindurch wirkte in Poona das 1974 gegründete internationale Zentrum der Bewegung. Auf die täglichen längeren Vorträge („lectures“) folgte meist, soweit es möglich war, die direkte Begegnung mit Bhagwan. Nach der Initiation erhielten die Anhänger einen neuen Namen sowie eine Kette („Mala“) mit 108 Perlen und mit einem Bild des Meisters als Zeichen der ständigen Nähe des Gurus.
- 1981 übersiedelte der Guru nach Amerika, wo er „Rajneeshpuram“ in Oregon gründete und sehr konsequent gegen die Gefahr von Aids rüstete. 1985 scheint die Sekte auseinanderzubrechen. Der Guru wird verhaftet und aus den USA ausgewiesen.
- Die einzelnen lokalen Gemeinschaften werden nicht aufgelöst, es wird ihnen eine weitgehende Eigenständigkeit eingeräumt. Bhagwan erhält nach seiner Ausweisung aus den USA in fast keinem Staat eine Aufenthaltsgenehmigung, manchmal nicht einmal die Landeerlaubnis. Lediglich in Nepal und in Uruguay kann er sich mehrere Wochen aufhalten. Schließlich reist er nach Indien zurück. Der Ashram in Poona erlebt daraufhin binnen weniger Monate eine neue Blüte. Von dort bekom-

men die Anhänger auch immer wieder neue Impulse zur „spirituellen Therapie und Meditation“.

Vielschichtig und vielfältig sind die Angebote der einzelnen Bhagwan-Zentren. Dazu gehören verschiedene Massagen genauso wie Methoden der psychologischen Primärtherapie, der Selbsterfahrungsgruppen, aber auch Tantra, Yoga, Schattenboxen, Tanzmeditationen und andere östlich-religiöse Konzentrationstechniken.

Die Jüngerinnen und Jünger, die seit 1986 ihre roten und orangefarbenen Gewänder ebenso wie die Holzperlenketten mit dem Bild des Gurus nicht mehr tragen, leben in Kleinkommunen oder auch wie ganz normale Bürger als Singles oder in Kleinfamilien und gehen dabei ihren jeweiligen, häufig akademischen Berufen nach.

Die drei Wurzeln dieser Sekte — Psychologie, Tantrismus und Bhagwan — ermöglichen den Anhängern das Verständnis der eigenen Psyche, erleichtern den Zugang zu Sexualität und Spiritualität, und die „Allgegenwart“ des Gurus bestimmt das Leben der Anhänger.

Die Krishna-Jünger mit ihren kahlen Köpfen mit dem einen Haarbüschel tauchen singend auf und empfehlen den dreifachen Weg zur Erlösung.

Geppert über „Gott“: „Trommeln werden geschlagen, Zimbeln erklingen, die Füße stampfen den Boden, die Arme fliegen in die Höhe; vor und zurück wogt es zum auf- und abschwellenden Rhythmus des Gesanges, die Körper kreisen und wirbeln um sich selbst, steigern sich zur Ekstase und ersterben in ehrfürchtiger Verneigung vor dem Gott. Die Stirn berührt den Boden, der Rücken ist gebeugt, dann wieder wilde Sprünge zum Taktschlagen der Trommeln. Lachen, Verzückung: Kirtan wird getanzt. Kirtan ist der heilige, kultische Tanz der Jünger Kr(i)shnas. Vor dem Morgengrauen, in der Frühe und am Abend wird er vor dem Altar Gottes vollzogen."

Immer wieder und überall, in ihren Zentren und Pagoden, in ihren Wohnungen und vor allem auf offener Straße, wo die Krishna-Jünger mit den kahlgeschorenen Köpfen samt einzigem Haarbüschel in ihren fliegenden und flatternden Gewändern auftauchen, hört man ihren monotonen Singsang: „Hare Krishna, Krishna, Krishna . . . Hare Rama . . ." — Sie sind Mitglieder der „Internationalen Gesellschaft für Krishna-Bewußtsein" (International Society for Krishna Consciousness — ISKCON), wie sie offiziell heißen.

Der Inder Abhay *Charan De* (1896—1977) tauschte bald seinen Schreibtisch als Angestellter eines Chemieunternehmens mit der — vorerst unsichtbaren — Pagode eines Sektengründers und änderte seinen bürgerlichen Namen auf A. C. Bhaktivedanta Swami Prabhupada. Da er in Indien kaum Erfolg hatte, wanderte der inzwischen Mönch gewordene und spätere „Gott" seiner Anhänger in die USA aus, wo er 1966 ISKCON gründete.

Im Mittelpunkt seiner religiösen Lehre mischen sich Elemente der indischen Veda und der Bhagawadgita, die ihren Anhängern einen dreifachen Weg zur Erlösung anbieten:

- Wissen
- Handeln
- Gotteshingabe.

Durch das ewige Singen des Hare Krishna (auch „Mantra" genannt) wird der Kontakt zum Göttlichen hergestellt und so der Mensch aus dem „Rad der Wiedergeburt" befreit und zur „unendlichen Glückseligkeit" geführt.

Allerdings: Allein finden auch die ergebensten Anhänger diesen Weg absoluten Heils nicht; sie benötigen dazu die Führung und Vermittlung eines Gurus, der die Schüler zum transzendenten, von der Materie nicht berührten, persönlichen Gott („Krishna") hinbegleitet.

Auf dem Weg dorthin leben die meisten Anhänger der Krishna-Sekte in größeren Wohngemeinschaften („Ashram") und üben sich in stärkster Askese; das „Fleischliche" lehnen sie in mehrfacher Hinsicht ab: Sie ernähren sich streng vegetarisch und unterdrücken ihre Sexualität. Unter Schlafentzug leidend, singen („chanten") sie 1 728mal täglich das Krishna-Mantra.

Das ständige Singen des Gottesnamens befreit den Gläubigen nicht nur von der Nonstop-Wiedergeburt, sondern führt — abweichend vom klassischen Hinduismus — die anzustrebende Glückseligkeit bereits hier und jetzt auf der Erde herbei.

Die Organisation der Krishna-Bewegung ist streng hierarchisch — analog der katholischen Kirche — aufgebaut:

- Elf Gurus — kein Inder unter ihnen, sondern nur Europäer und Amerikaner — leiten seit dem Tod von Abhay *Charan De* die ISKCON.
- Eine variable Anzahl von „Tempelpräsidenten" sind den elf Gurus direkt unterstellt, sie sind in ihrer Leitungsfunktion für die einzelnen Organisationszentren in Europa und in den USA verantwortlich.
- Während die „Tempelpräsidenten" mehr für die weltliche Organisation zuständig sind, bestimmen die „Brahamanas", die gleichfalls den elf Gurus direkt unterstellt sind, die religiöse Richtung der Sekte. Sie bilden gleichzeitig die Spitze eines Kastensystems.
- Die „Wächter" oder „Polizisten" („Ksatriyas") erfüllen den Ordnungsdienst und sorgen für die Einhaltung der religiösen (Lebens-)Vorschriften.
- Die „Händler" („Vaisyas") sind für wirtschaftlich-ökonomische Aufgaben zuständig und organisieren vor allem den Verkauf von sekteneigenen Büchern und Platten.
- Die „Arbeiter" („Sudras") schließlich bilden die unterste Stufe des Kastensystems und werden, „Untermenschen" gleich, für die primitivsten Arbeiten eingesetzt.

Das eigentliche Rückgrat der Sekte sind die Brahamanas, denen vor allem der Gesamtunterricht der neuen Mitglieder, aber auch der in den Sekten-

und Wohngemeinschaften lebenden Kinder untersteht. Als Art „Regierungsbeamte" bestimmen sie auch die Sektenwerbung und fällen die Ehe-Entscheidungen. Sie bestimmen, wer wen heiraten darf bzw. muß.

Genauso intensiv wie die farbigen und lauten Werbemethoden verläuft das Sektenleben, das streng geregelt ist — wobei das pausenlose Singen jeden eigenen Gedanken unterdrückt. Es gibt kaum eine andere Sekte, die abtrünnigen Mitgliedern das Leben so schwer machen würde wie die der Krishna-Jünger. Gelingt es aber doch jemandem, die Sekte zu verlassen, dann wird er, meist mit autosuggestiven Methoden, nicht selten zum Selbstmord getrieben oder fällt einem Unfall zum Opfer. Die Mitglieder stehen unter regelrechter Suggestion.

Der (Gruppen-)Sex und das (Eigen-)Glück der Bhagwan-Jünger führt zum „erleuchteten Meister", der in Oregon in Frieden und Reichtum leben wollte. Der Krishna-Gründer bietet Wissen, Handeln und Gotteshingabe als Erlösung an. Seine Sekten-Jünger werden singend zur „unendlichen Glückseligkeit" geführt.

Kinder Gottes und Ananda Marga: Bergs Predigt und Babas Terror

David Berg schickt als „Messias" seine Anhängerinnen auf den Strich und schließt die Kranken aus. Mit seiner sexistischen Politik will er das Christentum bekämpfen.

Unterleib im Untergrund: Die vorwiegend mit Sex werbenden „Kinder Gottes" („Family of Love") verlassen mit und für ihren Sektenführer David *Berg* — von ihnen auch „Moses Berg", „Vater David" oder „Moses David" („MO") tituliert — die Oberfläche der Öffentlichkeit, wo sie nach wie vor werbend unterwegs sind, und gehen in die selbstgewählte (Halb-)Illegalität.

Berg, der Sohn eines Predigers der evangelischen Gemeinde „Christian Church" und späteren Gründers der Freikirche „Church of the Open Door", wurde 1919 in Kalifornien geboren. Er beginnt seine Karriere als Geistlicher einer der zahlreichen amerikanisch-evangelischen Gemeinden, in der „Christian and Missionary Alliance", und wechselt im schnellen Tempo die verschiedenen Freikirchen. 1968, immer noch in Kalifornien, gründet er seine eigene Sekte mit den vielen Namen: „Kinder Gottes"/„Familie der Liebe" („Family of Love"), „Jünger Jesu" oder auch „World Services" genannt.

In seiner Lehre wendet er sich schroff vom Christentum ab: „Zu dieser Zeit war ich schon überzeugt von der Untauglichkeit und Unschriftmäßigkeit des Kirchensystems und seiner korrupten Politik, die ich als junger Pastor erlebt hatte zusammen mit der überwältigenden Heuchelei seiner Führer und Anhänger." („Überleben. Die wahre Geschichte von Mose und den Kindern Gottes — Gründer und Anführer der Jesus-Revolution. Von Mose selbst erzählt", Essen 1972)

Das Gründungsjahr (1968) fällt nicht zufällig mit den internationalen Studentenrevolten zusammen. Mit seinem Club „Teenager für Christus" schließt er sich der in Los Angeles besonders starken „Jesus-People"-Bewegung der Hippies an. Aus dem Club erwächst sehr schnell und recht erfolgreich die neue Sekte. Wie es sich für eine „Kirche" gehört, werden bald Bischöfe, Diakone, vor allem aber Diakonissinnen von Berg ernannt, und anstelle der Bibel bilden seine „MO-Briefe" den geistlich-religiösen Mittelpunkt der Sekte.

Nach kurzer Zeit zieht sich Berg in eine „mystische Anonymität" zurück und verkehrt nur noch schriftlich mit seinen Anhängern.

Die „MO-Briefe" werden, zumindest anfänglich, nahezu ausschließlich auf sexuelle Fragen ausgerichtet; die weiblichen Sektenmitglieder werden aufgefordert, sich — vor allem aber ihre „sexuelle Energie" — in den Dienst der „Kirche" zu stellen; die Mädchen müssen die „liebevolle Opferbereitschaft für den Herrn" („MO-Briefe") wörtlich nehmen. Bei den jeweiligen Ortsgruppen („Kolonien") liefern dann die Mädchen ihren Liebeslohn ab.

Die Sektenmitglieder erhalten, kaum daß sie beigetreten sind, einen neuen — meist biblischen — Namen und wechseln nach einigen Monaten stets ihren Aufenthalt, um sich dadurch jedweden Zugriffs, vor allem seitens ihrer Eltern, zu entziehen.

Geldsammeln, in welcher Form auch immer, steht im Mittelpunkt der Sektentätigkeit. 700 Schilling (100 DM) bis 7 000 Schilling (1 000 DM) werden täglich, hauptsächlich von den Mädchen, „erbettelt und erschlafen" (Geppert). Bergs Jahreseinkommen wird von Fachleuten auf 6 bis 7 Millionen Mark geschätzt. Sehr sanft geht „Vater Moses" mit seinen kranken Mitgliedern nicht um:

„Es ist schade, daß du krank bist, aber weißt du, dies ist ein schweres Leben für Kranke; es wäre also besser, wenn du nach Hause gehst, wo du ins Bett gehen kannst; und wenn du geistig krank bist, kannst du zu den Kirchen gehen. Sie sind geradezu voll von geistig Kranken und haben Zeit für Leute wie dich — wir nicht."

Eine eigentliche Lehre kennen die „Kinder Gottes" nicht, nur den unbedingten Gehorsam „MO" gegenüber und den vollen Einsatz für Spenden und Werbung. Dazu dienen sekteneigene Bücher, Zeitschriften, Kassetten und Platten, die sie — meist im offenen Straßenverkauf — an den (jungen) Mann bringen müssen. Die Mädchen, die sie ansprechen, sollten möglichst schnell der Sekte beitreten und selbst Geld verdienen.

Die sexistisch-pornographischen Aussagen Bergs haben seine Politik, die hauptsächlich gegen das Christentum, die USA und Israel und für Gaddafi ausgerichtet ist, stark in den Hintergrund gedrängt.

Die „Kinder Gottes" lassen ihre eigenen Kinder gerne im Stich. Bedingt durch den häufigen und intensiven „Liebeseinsatz“ der „MO“-Mädchen und wegen des Verbots von Verhütungsmitteln steigt die Zahl der (kleinen) Kinder in ihren Kommunen und Wohngemeinschaften rapid an, die aber den weiteren Betrieb stören. So tauchen die jungen Mütter nicht selten mit einem Säugling auf dem Arm bei ihren Eltern auf, um dann bei Nacht und Nebel wieder zu verschwinden; das vielleicht gar nicht so willkommene Enkelkind lassen sie zurück. Die anderen Kinder, die nicht bei ihren Großeltern abgegeben werden können, wachsen in halblegalen „Katakombenkolonien“ auf und werden viel zu früh und bewußt zu sexuellen Aktivitäten und Praktiken er- und herangezogen.

Eine militant-politische Sekte kämpft für die „Weltregierung“ und setzt den Tagesablauf ihrer Mitglieder minutiös genau fest. Ihr Terrorführer verläßt das Recht und teilt die Welt in Gut und Böse auf.

Der Baba aus Bihar: Der indische Eisenbahnarbeiter Prabhat Ranjan *Sarkar* geht mit der Zeit und nennt sich seit 1955 Shrii Shrii Anandamurti; für die Anhänger seiner politischen Sekte „Ananda Marga“ ist er der „Geliebte Vater“ („Baba“).

Im Gegensatz zu anderen Sekten (Jugendreligionen) ist Ananda Marga eine (eher) politische, eine faschistoide Bewegung, die mit zahlreichen Attentaten und Mordanschlägen der indischen Regierung das Leben erschwert. Als der „Baba“ wegen rechtsradikaler Anschläge in Indien verhaftet wird, verbrennen sich aus Protest mehrere seiner Anhänger öffentlich; andere begnügen sich mit Anschlägen und Attentaten. Immerhin, der Ananda-Marga-Bewegung gelingt es, Tausende seiner Mitglieder („Margiis“) immer wieder zu mobilisieren, vor allem wenn ihr Führer wieder einmal mit der indischen Regierung in Konflikt kommt. Obwohl der Sektengründer überwiegend in Indien agiert, hat er zahlreiche Gefolgsleute in den USA und in Europa.

Die offizielle Sprache der Ananda Marga läßt keinen Zweifel übrig: „Baba hat einmal gesagt, daß ER nicht durch das menschliche Recht gebunden ist, . . . Die ganze Maya, die ER angenommen hat, berührt ihn nicht.“ (Biija-Ananda Purnima Spezial Edition, Ananda Marga, Berlin 1975).

Die Jünger werden angehalten, täglich ihren Führer und Sektengründer zu lobpreisen, indem sie „Babas Name steht über allem“ („Baba Nam Kevalam“) singen müssen.

Die Ideologie der Bewegung, die trotz „Babas“ Entlassung aus dem Gefängnis nicht von ihm, sondern von den sogenannten „Direktoren“ geleitet wird, ist einfach: Die Welt besteht aus zwei Teilen, aus den Guten und aus den Bösen. Die ersteren gehören der Bewegung an, die letzteren sind ihre Feinde.

Die Angehörigen der Bewegung müssen sich einer bestimmten Meditationsmoral („Sadhana“) unterwerfen, die aus 16 Punkten besteht. Diese Kleidungs-, Hygiene- und Meditationsvorschriften betreffen sowohl das Tragen vorgeschriebener Unterwäsche (bei Männern wie bei Frauen muß sie „gut sitzen") wie die unbedingt einzuhaltenden rituellen Waschungen bis zur meditativen Ideologie (unbedingter Gehorsam).

Die Ananda-Marga-Ideologie ist strikt antikommunistisch orientiert. Sie besagt, daß der vorläufige Höhepunkt der gesellschaftlichen Entwicklung der Kapitalismus ist. Da er jedoch auf Ausbeutung beruht, wird dieses System von der Revolution gestürzt; und die soziale Entwicklung kehrt zu den (urkommunistischen) Anfängen zurück. Um diese Zerstörung zu vermeiden, müssen der Guru und seine Anhänger die Welt retten.

Dazu dient die streng hierarchisch aufgebaute Organisation: Die „Lehrer" als herrschende Schicht tragen orangefarbene Kleidung; schon dadurch unterscheiden sie sich von den gewöhnlichen Mitgliedern, die — vor allem durch das Betreiben von alternativen Lebensmittelläden und den Vertrieb der sekteneigenen Schriften und Bücher — für die finanzielle Absicherung der Sekte sorgen müssen.

Analog zu den Krishna-Jüngern wollen auch die Ananda-Marga-Gewaltigen — im doppelten Sinn des Wortes — die gesellschaftliche Ordnung mit Hilfe der Weltregierung ändern; allerdings nicht mit friedlichen Mitteln:

„Die Weltregierung wird über das Prinzip entscheiden, das hinter den einzelnen Gesetzen in den einzelnen Ländern stehen soll . . . Und wenn sogar der intellektuelle Versuch fehlschlägt, wird die Anwendung von Gewalt unvermeidbar."

Wer solche Ziele verfolgt, muß vor allem für die straffe Organisation, die auch den Tagesablauf der einzelnen Anhänger einschließt, sorgen. So ist der Tag eines Ananda-Mitglieds von 5.30 Uhr (Aufstehen) bis 23.00 Uhr (Schlafengehen) minutengenau festgelegt. Die allesbeherrschenden „Lehrer“ wachen (auch) über das Einhalten dieses Programms.

Neben dem direkten Einfluß der „Lehrer“ überwachen und organisieren verschiedene Einzelgesellschaften die vielschichtigen undd weitverzweigten Sektenaktivitäten:

Der Society Building Board hat sich um „revolutionäre“ Hochzeiten zu kümmern, Renaissance Universal dient der Ausbreitung der Lehre ebenso wie ERAWS (Education Relief and Welfare Sektion) und Dharma Pracchar, RAWA (Renaissance Artists and Writers Association), kontrolliert das Ananda-Marga-eigene Publikationswesen, YWSA (Young Women‘s Spiritual Association) ist speziell für die Betreuung der Frauen da. Der Volunteers Social Service soll den militärischen Führern Ananda Margas kämpferisch zur Seite stehen. (Geppert)

Die Ananda Marga engagiert sich stark im sozialen Bereich, vor allem in Deutschland, wo sie sich überwiegend mit Kindergärten und Gefängnissen beschäftigt. So manche „Margiis“ können sich auf diese Art ihrer sozialen Ader entsprechend betätigen oder kommen überhaupt — z. B. nach Entlassung aus einer Strafvollzugsanstalt — mit der Sekte in Berührung und Beziehung. Auch in der Drogenhilfe und in der Betreuung Süchtiger betätigen sich Ananda-Marga-Anhänger gerne.

Auch diese Sekte mischt — wie die meisten — zahlreiche Ideologien und Weltanschauungen östlicher und westlicher Prägung zusammen, wobei Hinduismus, Tantrismus und Yoga auf der einen Seite und marxistische und nationalsozialistische Gedankenelemente auf der anderen Seite einander ergänzen.

Wenn wir von den gelegentlichen Selbstverbrennungen von Sektenmitgliedern, auch in europäischen Metropolen, absehen, so beschränken sich die militanten Aktivitäten der „Margiis" auf Indien, wo sie als bewaffnete Schutztruppen von Grundbesitzern gegen linke Rebellen vorgehen.

Als Nachfolger der „Jesus-People"-Bewegung wollen die „Kinder Gottes" die Hippies auffangen und müssen immer mehr Geld „erbetteln und erschlafen". Die „Ananda-Marga"-Anhänger wollen die Welt vor dem „Urkommunismus" retten und regieren. Diesem Ziel dient sogar die Selbstverbrennung.

Sri Chinmoy und andere Guru-Gemeinschaften: Kunst und Kommerz

Ein vielseitiger Guru meditiert im UN-Gebäude und verbindet sehr erfolgreich Kunst und Kommerz. „Guru ist Gott", sagt er, und seine Anhänger müssen für ihn laufen.

Geschäfte mit Gott: Seit einigen Jahren tauchen immer mehr sogenannte „Göttliche Geschäfte" in Deutschland und in der Schweiz auf. Dazu gehören vegetarische Restaurants genauso wie Bioläden, aber auch Sportgeschäfte, Büchereien und Musikalienhandlungen; die Interessierten werden dabei vorwiegend zu Yoga und anderen Meditationsvorträgen mit anschließenden praktischen Übungen gelockt. Hinter all diesen vielfältigen Aktivitäten steht die Sri-Chinmoy-Sekte.

Der indische Sektengründer Chinmoy Kumar *Ghosh* (Jahrgang 1931) wandert 1964 in die USA aus, wo er seine Bewegung gründet. Da er in der Kapelle des UN-Gebäudes meditieren darf, nennt er sich „Director of the United Nations Meditation Group". Der Guru selbst ist vielseitig begabt und dementsprechend auch tätig. Nach Angaben des Sri-Chinmoy-Verlages in Zürich schreibt er nicht nur Hunderte Bücher, sondern malt auch Tausende Bilder und komponiert unzählige Lieder. So steht neben der Meditation die Kunst im Mittelpunkt dieser Sekte.

Der Guru und auch seine begabtesten Jünger verstehen es recht eindrucksvoll, Kunst und Kommerz miteinander zu verbinden. Die sekteneigenen „Blessing-Light"-Buchläden, die „Garland of Divinity's"-Blumenläden und die „Love and Serve"-Restaurants mehren schnell und erfolgreich das Sektenvermögen.

Die Gemeinschaftswohnungen anderer Guru-Bewegungen („Ashrams") kennt Sri Chinmoy nicht; ihre Anhänger leben getrennt, treffen sich aber häufig, ernähren sich vegetarisch und meiden Alkohol und Nikotin. Mit Meditationshilfe erreichen sie so die Sektenlehre, die vollkommene Gott-Mensch-Einheit:

„Der Mensch und Gott sind ewig eins. Wie Gott ist auch der Mensch unendlich. Wie der Mensch ist der Gott unendlich. Der Mensch ist der Gott von morgen. Gott der Mensch von gestern und heute."

Obwohl auch dieser Guru von seinen Anhängern bedingungslose Hingabe verlangt, steht er außerhalb der Guru-Tradition: Der Ehrentitel eines initiierten Hindumönches lautet nämlich „Swami". Da er diesen Ehrentitel als Beinamen nicht tragen darf, greift er nach dem höchsten hinduistischen Ehrentitel, nach dem „Sri".

Trotz dieser Abweichung fußt seine Bewegung in der hinduistischen (Guru-)Tradition. Dazu gehört nicht nur vegetarische Ernährung, sondern auch höchstmögliche sexuelle Enthaltsamkeit, um die sexuelle Energie in eine geistige umwandeln zu können. Daneben müssen die Jünger täglich mehrere Stunden lang meditieren, für ihren Guru (nahezu) kostenlos arbeiten bzw. einen Großteil ihres Einkommens abliefern und den Guru kritiklos anbeten.

Sri Chinmoy propagiert nicht nur die körperlich regungslose Meditationshaltung, sondern — ganz im Gegenteil — auch das Jogging; auch das soll zur Bewußtseinsänderung beitragen. Das „Sri Chinmoy Marathon Team" veranstaltet in vielen Städten Volksläufe. Und hinter Jogging und Marathon steht die religiöse Philosophie des Gurus:

„Durch das Laufen werden wir an unseren ewigen inneren Lauf erinnert, und es bringe uns, neben anderen Vorteilen und Freuden, in Kontakt mit unserer inneren Welt."

Bei den verschiedenen Kultur- und Sportveranstaltungen werden die ersten Begegnungen entweder mit möglichen Sektenmitgliedern oder mit spendier- und kauffreudigen Menschen geknüpft.

Die Sri-Chinmoy-Gemeinschaft ist zwar eine der — gegenwärtig — größten Guru-Bewegungen, sie ist aber nicht die einzige. In Österreich, in Deutschland und in der Schweiz werden Zweigstellen von mehreren internationalen Guru-Gemeinschaften gegründet. Ihnen allen gemeinsam ist das Credo von Guru Swami Sivananda:

„Den Guru zu sehen bedeutet Gott sehen ... Er zerreißt deinen Schleier der Unwissenheit. Er macht dich unsterblich und göttlich ... Guru ist Gott. Ein Wort von ihm ist ein Wort von Gott."

Immer mehr Guru-Gemeinschaften verkaufen östliche Weisheiten für westliche Valuten.

Neben der Guru-Gemeinschaft von Chinmoy kennen wir in den drei deutschsprachigen Ländern noch folgende Sekten, die entweder direkt in der ostasiatisch-meditativen Sphäre fußen oder im essentiellen Teil ihrer philosophischen Ausrichtung mit ihnen verwandt sind:

- Divine Light Mission: Diese Jugendreligion wird tatsächlich von einem jungen Guru, vom Maharaj *Ji* (Jahrgang 1957) geführt. Er setzt die „Gnade des Gurus" stets höher als die „Gnade Gottes" an.
- Surat Shabd Yoga: Diese Sekte besteht eigentlich aus mehreren kleineren Gruppierungen, z. B. den „Yoga des Tonstroms" oder der „Religion der Heiligen". Im Zentrum dieser Gruppen steht immer ein Guru, der sich oft nur in einzelnen Nuancen von den anderen unterscheidet. Sie alle genießen gottähnliche Funktionen wie die Befreiung von den Beschwerden früheren Lebens.
- Eckankar: Der Amerikaner Paul *Twitchell*, ein einstiger Guru-Schüler mit guten persönlichen Kontakten zu den Scientologen, gründet 1965 seine „Wissenschaft des Seelenreisens", wie die Sekte auch auf deutsch heißt.
- Nirmala Devi: Eine der sehr wenigen Guru-Bewegungen, die von einer Frau geleitet wird. Nirmala *Devi* führt diese Organisation, auch Sahaja Yoga genannt, an.

• EST/Das Forum: Keine Guru-Gemeinschaft in ideengeschichtlicher Hinsicht, allerdings ein Bindeglied zwischen den ekstatischen Sekten und den Kurseinrichtungen der Scientologen. Das „Erhard-Seminar-Training" (EST) wurde nach seinem Begründer benannt. Bis zu 200 Kursteilnehmer müssen sich rund 20 Stunden in einem Raum aufhalten und dabei ihre Aggressionen einander ins Gesicht schreien, um dadurch die notwendige „Erleuchtung" zu erlangen. Mit dieser (östlichen) Methode wird auch ein (westliches) Ziel verfolgt: der Kampf gegen den Welthunger, auch „Hungerprojekt" genannt. Ähnlich dem Sri-Chinmoy-Jogging dienen verschiedene Läufervereinigungen nicht so sehr der „Fettumverteilung" als der Propagierung des „Hungerprojekts", um auf diese Art „finanzielle Unterstützung zu erlaufen".

• Swami Muktananda: Seine tantrische Guru-Gemeinschaft zog in Indien und in den USA hauptsächlich wohlhabende Geschäfts- und Kaufleute an, aber auch Schauspieler und Rechtsanwälte. Da für den Tantrismus der Körper ausschlaggebend ist, lehrt auch der 1983 verstorbene „Baba" *Muktananda* die Kraftübertragung vom Guru zum Schüler durch Blick, Berührung oder Anruf. Die tantrische Yogalehre sichtet und schlichtet im menschlichen Körper mehrere (zwischen sechs und sieben) übereinanderliegende Zentren („Chakras"), die mit- und untereinander fest verbunden sind. Im untersten Zentrum befinden sich die Sexualorgane und die (aufgerollte) „Schlangenkraft". Muktananda lehrt, daß durch Meditations- und Atemtechnik diese

Schlangenkraft erweckt und nach oben katapultiert werden kann.

• Universal Yoga Trust: Eine starke sexuelle Enthaltsamkeit predigt Swami *Narayanananda*, der seine Sektenzentrale in Gylling bei Aarhus (Dänemark) hat. Er ist davon überzeugt, daß der Mann seine Samen im Geschlechtsakt „nicht vergeuden“ darf, da er sie für seine psychosomatische Gesundheit benötigt. Daher spricht dieser Guru oft und gerne vom „Gehirnorgasmus“, der dem „kosmischen Sex“ des Bhagwan gleicht. Anhänger der tantrischen Sekten, vor allem aber der Guru („Mönch“) sind davon überzeugt, sich „direkt mit der Frau in sich selbst vereinigen“ zu können. So wörtlich sollte man allerdings diese Forderung der „Autosexualität“ (keine Selbstbefriedigung, sondern die höchste Stufe der beidergeschlechtlichen Vereinigung in einer Person) nicht nehmen. Auch Guru Narayananda hat seine eigenen Keuschheitsgebote mit seinen Anhängerinnen recht oft übertreten; allerdings nur zum Zweck der beschleunigten Bewegung seiner „Schlangenkraft“.

• Sant Mat: Als eine der ältesten, heute noch weltweit existierenden Guru-Gemeinschaften entstand 1861 in Agra die angewandte Lehre der „Religion der Heiligen“ („Sant Mat“), deren Anhänger hart und konsequent auch die kleinsten und geringsten gesellschaftlichen Reformbewegungen verneinen; im Angesicht des „Karma“ („automatische Vergeltungskausalität der Taten“) wird jedwede Hilfe an Menschen sinnlos. Rettung aus der Knechtung durch das Karma naht nur vom „Vollkommenen Meister des Zeitalters", der mit Gott ident ist. Da man den jeweiligen „Vollkommenen Meister" nicht kennt, verkehren die Jünger in dieser okkulten Gemeinschaft nur im Traum mit ihm.

- Self Realization Fellowship: 1935 gründete Swami *Yogananda* seine Sekte in Amerika und paßte seine Lehre den Bedürfnissen der westlichen Kultur an. Damit machte er sich zum Vorbild aller späteren Gurus, die ihren Erfolg nicht in Indien, sondern in den USA und in Europa suchten. Bereits 1920 kam er nach Boston, wohin ihn unitarische Gemeinden einluden und diese seine Heilungsversammlungen bestaunten. Entsprechend der Wissenschaftsgläubigkeit seiner protestantischen Zuhörer sprach der Yogi bald von seiner „leiblich-seelischen Methode, die dem menschlichen Blut Kohlenstoff entzieht und neuen Sauerstoff zuführt. Der Yogi verkündet die „Magnetisierung der Wirbelsäule und des Gehirns" und gibt dem alten Traum vom „Jungbrunnen" (pseudo-)wissenschaftliche Nahrung. Für die amerikanische Geschäftstüchtigkeit seiner Lehre steht der Titel seines Vortrags im Rotary Club Buffalo: „Wie man seine Geschäftsbatterie aus dem Kosmos auflädt".

- Ramana Maharshi: Außerhalb der anerkannten Guru-Tradition suchte der 1950 verstorbene Ramana *Maharshi* den „todlosen Geist". Im Gegensatz zu vielen anderen Gurus, die predigend ihre Anhänger (vor allem im Westen) suchten, blieb er in seiner südindischen Heimat. Die Jünger mußten zu ihm pilgern. Auch er hielt sich für Gott, wenn auch für einen „schweigenden Gott" und „herrscht(e) durch die Gnade". Die Pilger, die Suchenden, die zu ihm kommen, bilden — so seine Lehre — ihren eigenen Schwerpunkt, wo sie sich mit dem Meister vereinen können.

• Sri Aurobindo: Am Anfang der langen Reihe „moderner" Gurus stehen Sri *Aurobindo* und seine Lebensgefährtin, die „Mutter" genannt. In der Fachliteratur wird er als „Evolutionsguru" geführt, da der in England aufgewachsene Jude das traditionelle Konzept seiner geistigen Vorgänger in kosmische Sphären ausweitet. Er lehrt den „evolutionären Aufstieg" aus dem Bereich der Materie über das Biologische bis hinaus zum „Überbewußtsein". Aurobindo und — nach seinem Tod — die „Mutter" predigen das „Bewußtsein des Zukunftsmenschen". Das menschliche Bewußtsein fungiert als das „Mentale"; das Ziel ist die Bildung des „Bindegliedes zwischen dem Menschen und dem supramentalen Wesen". Besondere Bedeutung erhält in dieser Guru-Gemeinschaft die „Mutter", mit bürgerlichem Namen Mira *Richard,* die als Lebensgefährtin des „Meisters" das eigentlich Okkulte in die Evolutionslehre einbringt.

• Sathya Sai Baba: Am Ende unserer kurzen Aufzählung, wobei wir nur die für die USA und für Europa wichtigsten Guru-Gemeinschaften erfaßten, kommen wir zu dem heute wohl populärsten Guru unserer Zeit, zu Sathya *Sai Baba,* der, stark in der althinduistischen Tradition fußend, als „wundertätiger Heiliger" anerkannt wird. Seine Heilkraft basiert auf der „Materialisierung" der Gegenstände. Vor allem aus Deutschland reisen viele

Kranke und Hilfesuchende zu ihm nach Puttaparthi im indischen Bundesstaat Andhra Pradesh. In seiner „okkulten Pädagogik" ist er bemüht, das „störende Ego" der Hilfesuchenden abzubauen; dadurch sollen alle Zweifel schwinden und das Vertrauen auf die heilenden Kräfte des Gurus erweckt werden. Auf diese Weise werden aus Hilfesuchenden Anhänger. Er fühlt sich sowohl als „göttliche Mutter" („Sai") wie auch als „göttlicher Vater" („Baba") und ist Gott schlechthin: „Ich bin der Allgegenwärtige, Allmächtige und Allwissende. Das ganze Universum ist in meinen Handflächen." 1976 gründet er schließlich seine eigene Religion, „Sai" genannt, mit der er alle anderen aufheben will.

Gurus sind nicht auf Geld aus. Auch wenn sie bemüht sind, in der westlichen Welt immer stärker Fuß zu fassen, gehört die Vermögensvermehrung nicht zu ihrem primären Ziel. Sie wollen, wie die meisten anderen Sekten und Freikirchen auch, vor allem missionieren; genauso wie das einst der Islam und das Christentum in ihrer expandierenden Hochblüte gemacht haben. Nur so ist es zu erklären, daß sich immer mehr Guru-Gemeinschaften in indisch „besetzten" Teilen Afrikas niederlassen. Afrika als Missionsziel ist für indische Gurus übrigens nichts Neues; bereits 1915 gründete Anand *Sarup* („Sahebji Maharaj") seine Siedlung Dayalbagh in Accra, der Hauptstadt Ghanas.

Wichtiger als die geschäftlichen Transaktionen der einzelnen Sekten — die meist nicht direkt, sondern über angeschlossene Firmen und Gesellschaften abgewickelt werden — ist der prinzipielle

Dienst der Jünger für ihren Guru. Aus den ursprünglichen Arbeiten (wie Wasser holen und Grundstücke bebauen) in Indien entstanden die verschiedenen Dienstleistungen, vom Einsatz der sekteneigenen Ärzte und Manager bis hin zu den verschiedensten manuellen Hilfsdiensten und Werbeaktionen der „einfachen" Mitglieder in den westlichen Zentren und Niederlassungen.

Nicht die Meditation, die „innere Schau", die „Einkehr in tiefere Regionen" und schließlich der Zugang zu „höheren Erkenntnissen" sind das Gefährliche an den verschiedenen Guru-Gemeinschaften und Jugendreligionen, sondern die einseitige Verideologisierung der Meditation und die totale Konzentration auf die Führerfigur des Gurus. So schlittert der meditierende, häufig jugendliche Anhänger von einer leichten Abhängigkeit in eine vollständige und lückenlose Gefolgschaft.

Die fleischfeindlichen Anhänger von Sri Chinmoy essen nur vegetarisch und üben sich in sexueller Enthaltsamkeit. Die große Gefahr der Guru-Gemeinschaften liegt in der Anbetung der vielen kleinen Führer und in der Ideologisierung der Meditation.

Vereinigungskirche und Scientology: Bleibende Politik — wandernde Seele

Ein Koreaner will, nachdem ihm Jesus erscheint, die Welt vereinen und gründet eine antikommunistische Sekte. Mit Adams Angst und Evas Eifersucht wird der Sündenfall neu gedeutet. Die Scientologen stießen in eine seelische „Marktlücke" vor und liefern „wissenschaftliche" Hilfe gegen Krisen und Krankheiten, Fehlschläge und Frustrationen.

Mond über Mun: Als am 6. Tag des Jahres 1920 der Mond über der (nord-)koreanischen Stadt Chongju aufging, wurde San Myung *Mun* geboren. Das weichsilberne Licht fiel auf den Neugeborenen, der von seinen Anhängern wie ein neuer Jesus Christus verehrt wird: „Das Sprichwort ‚Geschichte wird nachts gemacht' hat sich . . . wieder einmal als wahr erwiesen. Am 6. Januar (1920) . . . spielte sich eine Szene ähnlicher Bedeutung wie in Bethlehem ab. An diesem Tag wurde einem Menschen das Leben geschenkt, dem der göttliche Auftrag für die schwierigste Aufgabe der Geschichte bestimmt war, nämlich die Welt erneuern." (Aus einer internen Biographie des Sektengründers.)

1954 gründet Mun die „Gesellschaft zur Vereinigung des Weltchristentums"; bereits 1936 sei ihm Jesus erschienen und hätte ihn, den späteren Sektengründer, beauftragt, das „Werk, das vor 2 000 Jahren begann, zu vollenden".

1933 verlassen Muns Eltern ihre buddhistisch-taoistische Religion und treten einer christlichen Sekte namens „Israel Orden“ bei, dessen Führer Kim Moun *Paik* sich einem Messias gleich feiern läßt. Viele Gedankengänge dieses Ordens finden sich später in der Vereinigungskirche (auch „Moon-Sekte“ genannt) wieder.

Während der japanischen Besetzung Koreas im Zweiten Weltkrieg studiert Mun an einer technischen Hochschule und wird nach der Teilung Koreas als Gegner des kommunistischen Systems verhaftet. Erst während des Koreakriegs (1950—1953) wird er befreit und kommt nach Südkorea. Hier beginnt er zu predigen und gründet wie gesagt seine Vereinigungskirche unter dem vollen Namen „Holy Spirit Association for the Unification of World Christianity“.

Mun wechselt Land und Lied: Er läßt sich (zunächst) in Südkorea nieder, und seine Anhänger müssen seither allsonntäglich in den frühen Morgenstunden die südkoreanische Nationalhymne singen und dazu geloben, daß sie „unter Einsatz ihres Lebens kämpfen“ werden.

Die Moon-Sekte, eine der wenigen Sekten nicht-indischen Ursprungs, ist streng antikommunistisch ausgerichtet und will die Welt — laut Muns „Göttlichen Prinzipien“ — in religiöser, kultureller, vor allem aber in politischer Hinsicht vereinen. (Der politisch-ideologische Vereinigungsgedanke spielt auch im kommunistischen Nordkorea eine zentrale Rolle.)

1973 verläßt Mun mit seiner Frau — sie werden als die „wahren Eltern" von ihren Anhängern verehrt — Südkorea und wandert in die USA aus, wo er in einer von privaten Sicherheitskräften abgeschirmten Villa bei New York lebt; hier wird auch der Name Mun auf „Moon" amerikanisiert.

Die religiöse Lehre der Moon-Sekte ist in der eigentlichen Bibel der Vereinigungskirche, in den „Göttlichen Prinzipien", festgelegt; sie beschreibt einen dualistischen Gottesbegriff:

„In Gott ist die Universale Energie polarisiert in männlich und weiblich. Das Geben und Nehmen zwischen ihnen bildet die Grundlage für seine ewige Existenz. Die Universale Energie bewegt sich in der gesamten Schöpfung und bedingt ihre Existenz und Erhaltung. Gottes Energie tritt durch das Medium des Gebens und Nehmens in Erscheinung und veranlaßt, daß alle Dinge in einem Verhältnis des Gebens und Nehmens existieren."

Adams Angst und Evas Eifersucht — sie liebt Satan und Adam — vermengen sich in Muns „Göttlichen Prinzipien" zu einer neuen Deutung des alten Sündenfalls. Und das liest sich so:

„Wegen ihrer großen Schönheit fühlte Luzifer eine starke Liebe zu Eva. Obwohl er wußte, daß es eine direkte Übertretung des Willens Gottes war, konnte Luzifer seinem Begehren nicht widerstehen und wagte es, Eva zu verführen . . . Daraufhin versuchte sie Adam, sich wie ein Ehemann zu verhalten. Adam erlag dieser Versuchung und vereinigte sich vorzeitig mit ihr. Indem sie den Willen Gottes übertraten und Unzucht trieben, fielen Adam und

Eva sowohl geistig als auch physisch in einen Bereich weit unterhalb der Gestaltungsstufe und wurden der Herrschaft Satans untertan."

„Wiedergutmachung" (des Menschen für Gott) und „Wiederherstellung" (Gottes Liebe zu den Menschen) führen, mit Muns Methoden, aus dem Sündenfall in einen Wasserfall, der alles Böse, verkörpert durch den Satan, wegschwemmt.

Jesus, als der zweite Adam, hatte eine wahre Chance gehabt, die Einheit „Mensch—Welt" in ihrem paradiesischen Stadium wiederherzustellen. Da er jedoch nicht dem dualistischen Prinzip (Mann—Frau, Kind—Eltern) entsprechend gelebt hat, landeten nicht die Menschen (wieder) im Paradies, sondern er am Kreuz. So blieb den (immer noch nicht erlösten) Menschen nichts anderes übrig, als 2 000 Jahre weiter den Sündenfall „wiedergutzumachen". Erst nachdem Mun mit seiner Frau Han Hak-Ja die vollkommene Familie und damit den langersehnten Dualismus gegründet und gebildet hat, kann die Zeit der Erlösung anbrechen.

„Dualismus" und „Wiedervereinigung" sind verwandte Begriffe. Und genauso wie Jesus aus einem geteilten Land kam, kommt auch Mun aus dem zweigeteilten Korea. Die Wiedervereinigung Koreas soll, laut Moon-Sekte, zur Überwindung der Ost-West-Spaltung führen.

Mun und seinem dualistischen Prinzip müssen sich alle Sektenanhänger („Munies") ohne Widerspruch unterwerfen. Sie leben entweder in Wohngemeinschaften („Familien"), die keine Gütertrennung kennen, oder sie leben als (Ehe-)Paare, die von

Sekten-Verantwortlichen ausgesucht und zusammengeführt werden, in ihren eigenen Wohnungen und müssen für ihren Unterhalt selbst sorgen.

Die offene Straßenwerbung künftiger Mitglieder gehört immer mehr der Vergangenheit an. Da die Vereinigungskirche bemüht ist, immer mehr A-Schicht-Angehörige, vorwiegend Akademiker und Journalisten, anzusprechen, wurden verschiedene Organisationen gegründet und Kongresse veranstaltet (z. B. „Institution für Professoren" oder die „World Media Conference"). Direktwerbung erfolgt auch in Wohngegenden, wo die Munies wohnen; dazu wurde eine eigene Hilfe, die „Nachbarschaft mit Herz" („Home-Church-Program") entwickelt. In den deutschsprachigen Ländern, vorwiegend in Österreich, sind auch verschiedene Vorfeldorganisationen der Vereinigungskirche, wie die „Neue Mitte", das „Forum Ost-Verein zur Verwirklichung der Menschenrechte" oder das „Forum Religion und Weltgestaltung", aktiv.

Die Finanzen der Vereinigungskirche sichern nicht nur die Beiträge der Mitglieder, die oft sehr hoch sind, sondern auch verschiedene Wirtschaftsunternehmen: Banken, Hotels und eine Tageszeitung („Washington Times") in den USA, eine Zementfabrik und eine Waffenschmiede in Korea sowie Tankstellen, Reisebüros und Schiffswerften in Europa.

Mitte der siebziger Jahre — mittlerweile wird das Mun-Vermögen auf mehrere hundert Millionen US-Dollar geschätzt — errechnete der „Cincinnati Enquirer":

„Die Grundbesitzanteile betragen allein in den Vereinigten Staaten mehr als elf Millionen Dollar ... Dazu kommen Busunternehmen der Kirche in Dutzenden von Gemeinden. Ferner unterhalten sie kaufmännische Unternehmen wie eine Farm, Tankstelle, Druckerei, Reisebüro, Hausreinigungsdienst und ein Teehaus: Und ein industrielles Konglomerat in Korea mit 15 Millionen Dollar pro Jahr." Der „Cincinnati Enquirer" weist in diesem Zusammenhang ausdrücklich darauf hin, daß die Mun-Firmen „durch die Steuerbefreiung und die freien Arbeitskräfte schnell anwachsen".

Stark ist das wissenschaftliche Engagement der Vereinigungskirche; so wurde z. B. mit Hilfe ihrer amerikanischen Organisation „New Era" 1982 in Marburg eine großangelegte Konferenz unter dem Motto „Schaffen neue Religionen eine neue Welt?" abgehalten; das Fachecho war nicht gering. Auch verschiedene kulturelle und politische Institutionen, wie z. B. die „Föderation für Weltfrieden und Vereinigung" oder die „International Culture Foundation" gehören direkt oder indirekt der Vereinigungskirche an. Auf Veranstaltungen dieser Organisationen sprechen oft namhafte Wissenschaftler und Künstler der westlichen Welt.

Die Vereinigungskirche will 100 Jahre nach dem sogenannten „Weltparlament der Religionen", das 1893 anläßlich der ersten Weltausstellung in Chicago stattfand, ein ähnliches Großereignis starten. Vorbereitungskonferenzen liefen unter dem Motto „Das klassische Erbe wiedergewinnen". Dazu aus einer Selbstdarstellung der Vereinigungskirche:

„... das Erbe und die Wurzeln der eigenen religiösen Tradition wieder zu entdecken und zu beleben und sich auch für die Vielfalt der ... Religionen und deren Reichtum zu öffnen ... Religion ist nicht bloß Wahrheit oder ethische Lehre; in ihrem Zentrum steht der ursprüngliche Impuls der Menschen, das zu finden, worauf sie sich absolut verlassen können, und sich damit zu verbinden."

Interessierte Menschen, die eine Mitgliedschaft in der Vereinigungskirche anstreben, werden zunächst zu Wochenendseminaren und später zu längeren Kursveranstaltungen eingeladen, um sich schließlich einer Ortsgruppe („Center") anzuschließen.

Die Vereinigungskirche ist auch in den drei deutschsprachigen Ländern vertreten: In Deutschland hat sie 1 000, in Österreich 300 und in der Schweiz 100 aktive Mitglieder. In Deutschland besteht sie als eingetragener Verein, in Österreich als Gesellschaft bürgerlichen Rechts, in der Schweiz als Verein. In jedem Land gibt es einen geistigen Leiter, der verantwortlich ist und die Bewegung bei internationalen Konferenzen repräsentiert. Die Kirche unterhält in den größeren Städten Gemeindezentren.

Das zentrale Anliegen jedes Mitglieds ist, eine lebendige Beziehung zum lebendigen Gott aufzubauen und zu pflegen; dazu dient regelmäßiges Gebet und Studium des Wortes Gottes. Wesentliche Bedeutung hat der Sonntagsgottesdienst, der um 3 Uhr früh beginnt. Die primäre Aktivität ist das Weitertragen der Botschaft. Durch Straßenevangelisation werden Menschen angesprochen und eingeladen, in einem Gemeindezentrum die Mitglieder der Bewegung und das Gedankengut, „Das göttliche Prinzip“, kennenzulernen. Jeder Mitarbeiter betreut ein Gebiet von 360 Haushalten, das eine kleine Welt darstellt, um sie mit Gott zu verbinden (sogenannte „Heimkirche“). Interessierte werden zu Schulungsseminaren eingeladen. Auf universitärer Ebene arbeitet, insbesondere in Deutschland, die Studentenbewegung *CARP*. Sie hat auch einen Kampfsport entwickelt. „Wonhwa-Do“ — auf Deutsch etwa „Weg der Harmonie“, der im Vereinigungsprinzip wurzelt. Die Vereinigungsbewegung betreibt interreligiöse Projekte: „New Era“ veranstaltet jährlich einige gesamteuropäische Konferenzen für Professoren, das „Forum Religion und Weltgestaltung“ führt Tagungen in Deutschland und in Österreich durch. Aktivitäten zur Förderung weltanschaulicher Auseinandersetzungen setzt „Causa“, die in ihren öffentlichen Seminaren den „Gottismus“ als Alternative zu Kommunismus und jeder anderen Form von Autoritarismus lehrt.

Aus MEST schafft „Thetan“ das Universum und bereitet die ständige Seelenwanderung vor. „Sea Org“ kreuzt auf internationalen Gewässern und bestimmt die Kurskosten.

Ob unser Jahrhundert als „Epoche der Wissenschaften“ in die Kulturgeschichte der Menschheit eingehen wird oder nicht, das wissen wir nicht; wir hoffen es nur, weil unser Selbstbild des „aufgeklärten Menschen“ schmeichelhaft und tröstend ist. Und genau in diese seelische „Marktlücke“ stieß der einstige Science-fiction-Schriftsteller Lafayette Ron *Hubbard*, geboren am 13. März 1911 in Tilden, Nebraska (USA), und Gründer der Scientology Church: Er will mit „wissenschaftlicher“ Hilfe über unsere Krisen und Krankheiten, Fehlschläge und Frustrationen hinwegtrösten.

In seinem Hauptwerk („Dianetics — Die moderne Wissenschaft der geistigen Gesundheit“), das 1950 erschien, von seinen Anhängern bibelhaft verstanden wird und auch die eigene Zeitrechnung („1 AD“: anno dianetico) bestimmt, folgt Hubbard zunächst der altphilosophischen Seele-und-Geist-Einheit (er nennt sie „Thetan“) des Menschen. „Thetan“ schafft demnach das Universum aus Materie („Matter“), Energie („Energy“), Raum („Space“) und Zeit („Time“); kurz MEST genannt.

Hubbard bietet Aufhebung und Aufhellung der Wirrnisse und der Verwirrung des äußerst komplizierten Schöpfungsprozesses — und zwar mit Hilfe von „Auditing“. So kann der Mensch wieder „clear“ werden und seine (ursprüngliche) Identität “als Thetan“ wieder finden.

„E-Meter“ (Elektrometer) heißt das Auditing-Hilfsmittel: Zwei Blechbüchsen, in der Hand gehalten und am Stromkreis angeschlossen, zeigen die jeweiligen Schwachstellen des „clearing“-bedürftigen Menschen.

Hubbards Wissenschaft heißt „Dianetic". Dazu der O(riginal)-Ton des Sektengründers:

„Dianetics ist eine auf Axiome gegründete organisierte Wissenschaft vom Denken. Dianetics enthält eine therapeutische Technik, durch die alle unorganischen mentalen und alle organischen psychosomatischen Krankheiten behandelt werden können . . . Durch Dianetics wurde die einzige Ursache geistiger Zerrüttung aufgezeigt und demonstriert."

Dianetik, so die Sektenmeinung, strebt die (Wieder-)Herstellung der alten Einheit von Körper und Seele, Geist und Materie an. Dieser gezielt geführte Prozeß transferiert unsere harmonische Seele („Thetan"), die nach dem Tod des Menschen aus seinem Körper entweicht, zu einem Planeten zurückkehrt und dort die (nächste) Reinkarnation vorbereitet.

Die oberste Organisation der Scientology Church befindet sich, nachdem Hubbard in mehreren Ländern Schwierigkeiten bekam, auf seiner Yacht „Apollo"; so kreuzt die Befehlsstelle („Sea Org") meist auf internationalen Gewässern.

Die Organisation der Scientologen ist straff geführt: Die untersten Einheiten sind die sogenannten „Departements", die — zu rund 20 zusammengeschlossen — eine Division bilden; sieben Divisionen werden in einer Organisation („Org") zusammengefaßt. Andererseits werden die Organisationen auch in Missionen unterteilt; hier sitzen die entscheidungsgewaltigen Mitglieder („staff members"), die über Wohl und Wehe der Anhänger, vor allem aber über ihre wirtschaftlichen Leistungen (z. B. Kurs- und Literaturumsatz) entscheiden.

Da die Scientologen, wie ihr Name besagt, die „Wissenschaftlichkeit" lieben, werden die penibel genau aufgeschlüsselten Lebens- und Arbeitsrichtlinien in den Periodikas HCOPBs (Hubbard Communication Organization Policy Letters) festgelegt.

Die Kurskosten und die Literaturleistungen finanzieller Art sind nicht billig: Die Einstiegsaufwendungen beginnen bei rund 700 Schilling (100 DM); die nächste Stufe („Hubbard Qualifizierter Scientologe") beträgt bereits 5 600 Schilling (ca. 800 DM). Nach diesen Einführungskosten folgen die Stufen der eigentlichen Hierarchie. Zuerst wird man ein OT („Operating Thetan" = „Thetan in Aktion") und dann darauffolgend die Stufen von OT I bis OT VIII. Die Kursgebühren steigen von 14 000 Schilling (2 000 DM) bis über 150 000 Schilling (rund 20 000 DM).

Die einzelnen Hierarchiestufen werden immer wieder erweitert; so kann man vom Scientology-Studenten über Dianetik-Berater, Dianetik-Fallüberwacher, trainierter Scientologe, zertifizierter Auditor, professioneller fortgeschrittener Auditor bis hinauf zum fortgeschrittenen Fallüberwacher und schließlich Senior IV. Klasse werden. Allerdings: Jede Stufe verlangt immer höhere Beiträge.

Die Scientology Church wirbt zwar auch auf offener Straße, dort vor allem junge Menschen, noch stärker jedoch im persönlich-privaten, aber auch im beruflichen Bereich. So werden die Mitglieder immer wieder angehalten, Freunde und Verwandte,

Kollegen und Bekannte für Hubbards Idee zu gewinnen. Kommt dann jemand in die Nähe einer der zahlreichen, meist sich „angewandte Philosophie“ nennenden Einrichtungen, beginnt man durch Tests und Gespräche die persönlichen Probleme aufzudecken. Kaum entdecken besonders geschulte, geschickte Tester die jeweiligen Schwachstellen, bieten sie bereits einen entsprechenden Kurs an. Am Ende dieses Kurses werden wieder neue Persönlichkeitsprobleme aufgedeckt, wofür wieder neue Kurse angeboten werden . . ., und so wird die Spirale immer höher gezogen.

Neben der Vereinigungskirche bilden die Scientologen die zweite große Sekte, die auch christliche und nicht nur ostasiatisch-indische Elemente verwendet. Während jedoch die Moon-Sekte christliche Blüten aus koreanischen Wurzeln ernährt, bauen die Scientologen überwiegend trotz ihrer (angeblichen) buddhistischen Nähe auf abendländisch-amerikanischen Grundlagen auf, vor allem was ihre straffe Organisation anbelangt.

Auf die Frage, was Scientology ist, wird in einer sekteneigenen Publikation („Die Scientology Kirche in Deutschland — Information und Selbstverständnis“) erklärt:

Scientology (lateinisch SCIRE = „wissen — im wahrsten Sinne des Wortes“ und griechisch LOGOS = „Lehre von“, also wörtlich „Lehre vom Wissen“) befaßt sich mit dem Studium des menschlichen Geistes in seiner Beziehung zu sich selbst, zum Universum und zu anderem Leben. Sie findet ihren Ausdruck in einer gleichnamigen religiösen

Bewegung, die sich mit dem Menschen als Geist oder Seelenwesen, seiner spirituellen Freiheit und seinen Fähigkeiten beschäftigt.

Zum einen beinhaltet Scientology grundlegende religiöse und philosophische Wahrheiten, die dem Individuum Wege und Mittel aufzeigen, das Leben in seinen mannigfaltigen Aspekten zu meistern. Deren Studium allein kann eine Person in eine wesentlich verbesserte Position dem Leben gegenüber bringen. Zum anderen beinhaltet die Lehre konkrete und wirksame Methoden der Seelsorge, welche auf die letztliche geistige Befreiung des Individuums abzielen und diese auch zu erreichen vermögen. Das Ziel der Scientology für die Einzelperson ist es, diese durch ihre Lehre und ihre angewandten Methoden stufenweise zu völliger geistiger Freiheit zu führen.

Die hauptamtlichen Scientologen — in der Bundesrepublik sind es rund 700, ca. 20 000 Mitglieder betreuen — sind in 7 Bereichen („Abteilungen") tätig, die gleichzeitig die innere Struktur („Aufbau") einer Scientology-Nationalkirche darstellen:

- Personalbereich und Ethik
- Verbreitungsbereich (an Mitglieder gerichtet)
- Finanzbereich
- Bereich für seelsorgerische Tätigkeiten und Ausbildung der Geistlichen sowie für fortgeschrittene Studien der Lehre
- Bereich für die Qualifikation von Geistlichen und anderen Amtsträgern
- Missionierungsbereich
- Kirchenleitung

In den zwei wichtigsten Bereichen (seelsorgerische Tätigkeiten und Ausbildung von Geistlichen) ist die Hälfte aller hauptamtlichen Mitarbeiter tätig, wobei diese, da sie von der Kirche nur eine „Unterstützung zum Lebensunterhalt" erhalten, weiterhin in ihren ursprünglichen Berufen tätig sind.

Die Scientology-Kirche wurzelt, im Gegensatz zur Vereinigungskirche, nicht sehr stark im christlichen Glauben:

Scientology ist keine monotheistische (Glaube an einen einzigen Gott) Offenbarungsreligion, sondern steht in der Tradition der gnostischen Erlösungsreligionen (Religionen, die Erlösung des Menschen durch Erkenntnis seiner selbst und seiner Verbundenheit mit Gott suchen), wie vor allem des Frühbuddhismus. Damit wird im wesentlichen der Hauptunterschied zwischen den östlichen und den westlichen Religionen beschrieben.

Die Scientologen legen großen Wert auf die Nähe zum buddhistischen Gedankengut, obwohl die Scientology in den USA entstand:

Es ist offenbar, daß es dem Christentum auch um das Heil des Menschen geht. Auch hier soll der Mensch auf den Weg zur Wahrheit und zur Unsterblichkeit geführt werden. Auch hier strebt der Mensch nach einem stets wachsenden Verständnis des Transzendenten. Der Hauptunterschied besteht darin, daß im Christentum der Mensch durch das Werk Jesu Christi und den Willen Gottes „von außen" erlöst wird oder werden soll, während im Buddhismus und in der Scientology der Mensch

„von innen“ aus sich selbst heraus erlöst werden soll und erlöst wird.

Obwohl die Scientologen „das Werk von Jesus Christus“ hoch bewerten, betonen sie immer wieder, daß sie die Erlösung des Menschen nicht erst im Jenseits, sondern bereits im Diesseits anstreben. Auch der überkonfessionelle Charakter der Scientology-Kirche bringt sie, neben der Idee des „ewigen Lebens“ als Wiedergeburt verstanden, in buddhistische Nähe.

Aufgrund der „Göttlichen Prinzipien“ will Mun die Welt religiös, politisch und kulturell vereinen. Das Ziel heißt „Wiedergutmachung“ und „Wiederherstellung“. Mit „Auditing“-Hilfe wollen Scientologen den Schöpfungsprozeß enträtseln. „Dianetic“ heißt ihre Lehre. Buddhas Nähe und US-Grundlagen formen diese Kirchen.

Baha'i und Waldenser: Flucht aus Ost und West

Ein reicher Perser propagiert Einheit und Gerechtigkeit. Bruderzwist im Hause Baha'i: „Großer Ast" gegen „Größter Ast". Im „Drei-Welten-Modell" der Baha'i — Gott, Schöpfung, Offenbarung — finden alle einen entsprechenden Platz.

Baha'i-Boom: Es gibt keine andere Freikirche, die in den letzten 20 Jahren so stark gewachsen ist wie die Baha'i und einen so guten Ruf unter den gar nicht so wertfreien Religionswissenschaftlern hat. Der Grund ist einfach: „Die Baha'i betrachten alle Religionen als im Grunde gleich, und sie betonen die Einheit der Menschheit, Frieden, weltweite Gerechtigkeit und rassische Harmonie." (Butterworth.)

Als Vorläufer und erster Märtyrer der Baha'i — seine Anhänger werden immer noch, vor allem im Iran, brutal verfolgt — gilt ein reicher Perser namens Sayyid *Ali-Muhammad* (1819—1850), auch der „Bab" („das Tor") genannt. Ein Moslem, der vom „Pfad des Propheten" weicht und noch dazu Weisheit und Freiheit allen anderen Religionen zuspricht, kann nicht mit einem glücklichen, langen Leben rechnen. Auch der „Bab" verbringt viele Jahre in verschiedenen, meist türkischen Gefängnissen, bis er 1850 in Täbris erschossen wird. Noch im gleichen Jahr sterben 20 000 seiner Anhänger den Märtyrertod.

Ein wohlhabender Adeliger und Anhänger des „Bab“, Mirza *Husyn Ali* (1817—1892), überlebt das Massaker; aus dem Gefängnis freigelassen, nimmt er den Namen „Baha'u'llah“ („Herrlichkeit Gottes“) an und übernimmt die Führung der neuen Religion. Als er über das Kommen des Messias spricht, wird er nach Bagdad verbannt, wo er mit der Niederschrift der Schriften der Baha'i beginnt.

„Unter ihnen ist besonders das ‚Buch der Gewißheit‘ (‚Kitab al-Iqan‘) zu nennen, in dem die grundlegende Auffassung von der Vielzahl, Zusammengehörigkeit und Relativität der bisherigen Offenbarungen und Religionen und ihrer Erfüllung in der Baha'i Offenbarung entwickelt wurde.“ (Hutten.)

Diese Aussagen, vor allem aber die erneut steigende Zahl der Anhänger, verunsichern die islamische Geistlichkeit in Teheran, und sie erwirken beim türkischen Sultan eine neuerliche Verbannung des Religionsführers. Diesmal nach Istanbul.

Nach seinem kurzen und unfreiwilligen Aufenthalt in Istanbul und später in Edirne wird er von den Türken weiterverbannt; diesmal kommt er nach Akka bei Haifa (im damaligen Palästina). Hier lebt er bis zu seinem Tod in (relativer) Freiheit und (absolutem) Wohlstand und kann daher die wichtigsten Lehrsätze der Baha'i formulieren:

- Absoluter Monotheismus (es gibt nur einen Gott).
- Alle großen Religionen kommen von Gott, und so gehören auch alle Menschen einer großen

„Familie“ an, die keine rassische, religiöse oder sonstige Trennung kennt.

- Dementsprechend muß auch die Gleichheit der Geschlechter und der Bildungschancen vorherrschen.
- Auch Glaube (Religion) und Vernunft (Wissenschaft) müssen eine harmonisccche Einheit bilden.
- Um die Einheit der Welt zu ermöglichen, sollen alle Menschen neben ihrer National- auch eine gemeinsame Weltsprache beherrschen, und ein Weltparlament soll die universelle Einheit hüten.

Diese edle Idee der „universellen Einheit“ wird zwar von den Baha'i-Anhängern gepredigt, nicht jedoch — was ihre eigene Religionsgemeinschaft anlangt — befolgt. Richtungs- und Flügelkämpfe machen bis zum heutigen Tag die Umsetzbarkeit ihrer Idee fraglich.

Die erbittert geführten Kämpfe der Baha'i untereinander beginnen bereits nach dem Tod des „Baha'u'llah“, der seinen ältesten Sohn, Abdul *Baha* („Größter Ast“) zu seinem Nachfolger bestellt. Der Halbbruder des „Größten Astes“, Mirza Muhammad *Ali* („Großer Ast“), erhebt für sich selbst den Führungsanspruch.

Unbeschadet des Bruderzwists im Hause Baha'i läßt sich Abdul Baha in Haifa nieder und baut am Berg Karmel ein Mausoleum für Bab. Er fährt mehrmals nach Amerika, wo es ihm gelingt, weitere Niederlassungen zu gründen. 1926 treten sogar die rumänische Königin Maria und ihre Tochter Ileana zum Baha'i-Glauben über. Auch die Multi-

Milliardärin Edith *Rockefeller* und Margaret *Wilson*, die Tochter des gleichnamigen US-Präsidenten, werden zu Baha'i-Anhängern. Zu gleicher Zeit fassen die Baha'i in Ägypten, in Indien und in Burma Fuß. 1921 stirbt Abdul Baha, an seinem Grab am Karmel trauern nicht nur seine Anhänger, sondern auch Vertreter aller monotheistischen Religionen.

Trotz seines Erfolges und seiner Autorität halten die Fraktionskämpfe auch nach Abdul Bahas Tod unvermindert an. Darunter muß vor allem sein ältester Enkel und Nachfolger, Shoghi *Effendi* (1897—1957), leiden. Schon allein die testamentarische Bestimmung seines Großvaters wird bis heute bestritten.

Abgesehen von den Führungs- und Flügelkämpfen gehen die Baha'i auf diesem Weg der Gleichheit und Gerechtigkeit mit gutem Beispiel voran: Sie haben keine Priester und Pastoren und müssen sich unbedingt den herrschenden Gesetzen ihrer Gastländer anpassen.

Die Baha'i-Organisation baut ursprünglich auf der Zahl 9 auf: Jede Gemeinde muß zumindest neun Mitglieder haben, und jede leitende Körperschaft („Rat") besteht aus neun Personen; neun Gemeinden in einem Land bilden den „Nationalen Geistigen Rat"; auch das „Universale Haus der Gerechtigkeit", das nach Shoghi Effendis Tod, der ohne direkten Nachkommen stirbt, die oberste Leitung bildet, besteht aus neun Mitgliedern.

Großes Gewicht legen die einzelnen Baha'i-Gemeinden auf die religiöse Jugendarbeit und Erziehung und auf die Sommerschulen, die der Pflege der Baha'i-Lehre und der Stärkung des Gemeinschaftsgefühls dienen. Alljährlich im Januar wird von allen Baha'i ein „Weltreligionstag" gefeiert.

Ungefähr 300 000 der rund 5 Millionen Baha'i leben im Iran, wo sie — als dem Islam nicht zugehörige Religion — ständigen Verfolgungen ausgesetzt sind. Da sie auch in den anderen islamischen Ländern mit keiner nennenswerten Verbreitung mehr rechnen können, verlegen sie ihre Missionstätigkeit in andere Staaten und Kontinente. Der erste Baha'i-Tempel in Europa ist 1964 in Langenhain bei Frankfurt am Main eröffnet worden. Die intensiven missionarischen Tätigkeiten in Amerika, Afrika und auch in Asien zeigen gar nicht so bescheidene Erfolge.

In den schmuck- und altarlosen Baha'i-Tempeln mit ihren neun Eingängen bilden Chor- und Sologesänge sowie Lesungen aus den Heiligen Schriften der Weltreligionen den eigentlichen Gottesdienst.

Obwohl man in der Baha'i-Lehre einige jüdisch-christliche Elemente findet, wie etwa die Lehre von der Liebe Gottes zu den Menschen und den Gehorsam seinen Geboten gegenüber, kann sie ihren islamischen Ursprung nicht verleugnen. So teilen die Baha'i die christliche Vorstellung von der Heiligen Dreifaltigkeit nicht; für sie ist Christus nicht der inkarnierte Gott. Indessen ist Jesus auch für die Baha'i weit mehr als bloß ein Mensch, der Gottes Sprachrohr war. Im Gegensatz zum christlichen Dualismus „Gott—Mensch", der auch dem islamisch-sunnitischen Standpunkt entspricht, haben die Baha'i ein Drei-Welten-Modell:

- Die Welt Gottes, die völlig unzugänglich ist,
- die Welt der Schöpfung — und dazwischen
- die Welt der Offenbarung.

Dieser (dritten) Zwischenwelt gehören die Religionsstifter, „Manifestationen" genannt, also auch Christus, an. Die Baha'i berufen sich dabei auf das Konzil von Nicäa, das erst im Jahr 325 den „Christusglauben" erfand.

Aus der Sonnenfinsternis des „Sonnenkönigs" flüchten 400 000 Protestanten aus Frankreich und werden „Waldenser".

Waldenser — wohin?" fragte sich der französische König *Heinrich IV.*, der wegen seiner Volksnähe und Toleranz den Beinamen „Le Bon Roi" genoß, als er bei aller Liebe und allem Verständnis für die verfolgten Protestanten für diese kaum einen geeigneten und sicheren Platz fand; noch dazu wirkte sein Toleranzpatent vom 13. April 1598 nicht allzulang. Bereits sein Nachfolger, *Ludwig XIII.*, und seine die Regentschaft ausübende Mutter Maria von *Medici*, aber erst recht der „Sonnenkönig" *Ludwig XIV.* (1643—1715) wollten den Protestanten ihren Glauben mit Schwert und Feuer austreiben. Aus der Sonnenfinsternis des „Sonnenkönigs" flüchteten 400 000 Protestanten aus Frankreich. Unter ihnen auch die ältesten Hugenotten, die „Waldenser".

Diese späten Nachfolger des Lyoner Kaufmanns Pierre *Vaudès* (im Deutschen „Petrus Waldes" genannt), der 1173 durch seine aufgeklärten Predigten großes und (für ihn) nicht sehr angenehmes Aufsehen erregte, flüchten in alle Himmelsrichtungen. Die religiöse Bewegung, die heute noch seinen Namen trägt, breitet sich deshalb relativ schnell von Südfrankreich über Spanien bis hinauf zur Ostsee aus. Und das 340 Jahre, bevor Martin *Luther* seine berühmten Thesen an die Schloßkirche zu Wittenberg schlägt.

Waldes, der sich von Geld und Geschäft lossagt und als Wander-(Laien-)Prediger durch Südfrankreich zieht, akzeptiert als Basis seines Glaubens die beiden Testamente und geißelt Reichtum und Macht der (römisch-katholischen) Kirche.

Dieser Prediger der Armut — als solcher ein geistiger Vorfahre des Franz von *Assisi* (1182—1226) — rüttelt an den (weltlichen) Fundamenten der Amtskirche dermaßen erfolgreich, daß er auf dem Konzil von Verona (1184) von der Kirche verdammt wird. Wie so mancher Heilige wird auch er zum Häretiker. Dem Exkommunizierten bleibt nur noch die Flucht — nach Bayern und Böhmen; seine Anhänger treten ihren ersten, jedoch keineswegs letzten Exodus an. Auf der Synode von Chanforan (1532) treffen sich Mitglieder der Waldenser Kirche von Südfrankreich und der schweizerischen Reformierten Kirche. Ulrich (Huldrych) *Zwingli*, Theodor von *Beza* (Bèze), vor allem aber Johann (Jean) *Calvin* schaffen das bleibende Gepräge dieses Glaubens. Obwohl sich die

Waldenser seit der Synode von Chanforan stark an die Reformation schweizerisch-französischer Prägung anlehnen, bilden sie weiterhin eine eigene freikirchliche Gemeinde.

Vor der unbarmherzigen Verfolgung und Vernichtung durch die katholische Kirche flüchten sie nach Deutschland, Holland, England und in die Schweiz. So erreichen z. B. 40 000 Waldenser die Stadt Zürich. Dies geschieht im Jahr 1710, und die Stadt hat insgesamt 12 000 Einwohner, die dem Flüchtlingsheer nicht Herr werden können. Beispielgebend setzen sich deshalb die drei anderen evangelischen Kantone (Bern, Basel, Schaffhausen) für die Exilierten ein.

Obwohl die Schweiz schon damals den Ruf eines Asyllandes genießt, müssen viele Waldenser und Hugenotten weiterwandern; ihr Ziel ist (das damalige) Deutschland, und über Berlin und die Ostsee kommen sie bis nach Jütland. An vielen Orten entstehen Waldenserkolonien, so etwa die heute noch existierenden Gemeinden Gewissensruh und Gottestreu.

Erst 1787 erläßt *Ludwig XVI.* sein Toleranzedikt von Versailles, das auch die Rückkehr der Waldenser und der Hugenotten ermöglicht. Doch auch dieser Akt der Toleranz kann das Leben des Königs nicht mehr retten; für die Sünden seines Urgroßvaters (und vielleicht auch seiner Frau) büßend, beendet er sein Leben 1793 unter der Guillotine.

Seit dieser Zeit können die Waldenser nicht nur nach Frankreich, sondern auch in ihre zweite Heimat, nach Italien, zurückkehren, wo sie — unter dem Namen „Chiesa cristiana evangelica italiana" — in den Waldensertälern südwestlich von Turin endlich zur religiösen und politischen Ruhe kommen.

Das Wappen der Waldenser, „ein mit Lorbeerzweig und Eichenzweig umkränzter Schild, mit Leuchter und brennender Kerze, darüber sieben Sterne und der sinnvolle Wahlspruch LUX LUCET IN TENEBRIS (Licht leuchtet in der Finsternis)" (A. Héritier), ist heute nicht nur in Italien und Frankreich, sondern auch in Deutschland und in der Schweiz vielerorts sichtbar.

In der Frei- und Minderheitskirche der Waldenser herrscht die Beziehung zum Evangelium vor, und die brüderliche Gemeinschaft genießt den Vorrang vor einer kirchlichen Organisation. „Evangelische Treue" verlangen die Waldenser nicht nur von sich selbst, sondern auch von ihrer Kirche; so ist hier jedwede politische oder wirtschaftliche Machtausübung verpönt. Die Waldenser lehnen jedwedes durch Konkordate abgesicherte und „gesegnete" Bündnis mit dem Staat strikt ab. „Kirchlicher Evangelismus" heißt die Waldenser Tradition.

Den reformierten Ideen der Waldenser kommen die radikalen Anordnungen einzelner schweizerischer Kantone, wie die Abschaffung der „barokken" Messe, des Bilderkults und der für sie heidnisch anmutenden Anbetung („Fürbitten") der Heiligen, sehr entgegen. Der Begriff „Kirche" bleibt für den Waldenser ohnedies lange Zeit ein Fremdwort.

Erst unter (vor)calvinistischem Einfluß schließen sich die einzelnen Waldensergemeinden zu einer

(Frei-)Kirche zusammen. Damit erfolgt die endgültige Lossagung von Rom und von der eigenen Freiheit und Sicherheit; brutale und erbarmungslose Verfolgung und Vertreibung setzen ein. Nicht zufällig hält der Historiker Alexis *Muston* die Waldenser für das „Israel der Alpen".

Zeugnisse der Verfolgung, aber auch des religiösen Willens der „Evangelientreuen" finden wir im Waldensermuseum in Otisheim-Schönenberg (BRD), im „Henri-Arnaud-Haus", benannt nach dem bekanntesten Waldenserführer.

Symbolischer Abschluß der Waldenserverfolgung seit dem frühen Mittelalter ist die Unterzeichnung eines Abkommens zwischen der italienischen Regierung und der Waldenser Tafel durch den Ministerpräsidenten Bettino *Craxi* und den Moderator der Waldenser Tafel, Pastor Giorgio *Bouchard*, am 21. Februar 1984, welches das Recht der Waldenser, nach ihren Überzeugungen zu leben und frei das Evangelium zu predigen, verbrieft. Das ist übrigens das erste Mal, daß in Italien einer nichtkatholischen Kirche ein feierlicher Staatsakt zuteil wird.

Die Baha'i werden immer noch brutal verfolgt, obwohl sie für Monotheismus eintreten und alle Weltreligionen anerkennen. Der Gründer der Waldenser predigt Armut und das Licht gegen die Finsternis.

Jehovas Zeugen und Mormonen: Lebensgefahr und Lesensart

Jehovas Zeugen werden zu Märtyrern ihres Glaubens und warten unaufhörlich auf den Weltuntergang. Fünf Millionen Mitglieder studieren die Schriften und dienen der „Theokratischen Organisation".

Jehovas Jammer: Er heißt gar nicht so. Der alttestamentarische Gottesname lautet JAHWE; Jehovas Zeugen bauen ihre konfessionelle Gemeinschaft auf einer falschen Übersetzung aus Jesaja 43,10 („Ihr seid meine Zeugen, spricht Jehova") auf. Sie nehmen ihre eigenen Verbote (der Bluttransfusion, des Militärdienstes, der politischen Wahl und des nationalen Patriotismus) sehr ernst und befolgen sie auch bei Lebensgefahr. Auch unter starkem politischem Druck (Hitlers oder Stalins) trennten sie sich nicht von ihrer Religion; eher gingen diese Märtyrer ihres Glaubens nach Auschwitz oder Sibirien, bevor sie den Pastor aus Pennsylvania, Charles Taze *Russel*, verrieten.

Wie so mancher Gründer von Sekten und Freikirchen bewegt sich auch Russel (Jahrgang 1852) zwischen Christentum und Buddhismus/Hinduismus, entscheidet sich aber für eine freie Auslegung des Alten und des Neuen Testaments. Er verkauft die ererbten Herrenmodengeschäfte und gründet mit seinem Geld die Zeitschrift „Zions Wachtturm" („Zion's Watch Tower") und die dazugehörende Gesellschaft von „Zions's Watch Tower Tract Society".

Russel schreibt die grundlegenden Werke seiner Gemeinde, vor allem seine „Schriftstudien", in denen er nicht nur die (religiöse) Existenz von Himmel und Hölle leugnet, sondern auch den Weltuntergang für das Jahr 1914 voraussagt. Für viele seiner Anhänger, die den Zweiten Weltkrieg (noch) nicht kannten, war der Erste Weltkrieg die „Generalprobe" des prophezeiten Weltuntergangs. Mitten im Krieg (1916) stirbt Russel.

Josef Franklin *Rutherford*, Rechtsberater und „Richter" der Gesellschaft, tritt Russels Nachfolge an und führt Jehovas Zeugen mit eiserner Hand bis zu seinem Tod (1942). Er sorgt nicht nur für die Einhaltung der strikten Verbote und Gebote, sondern schafft auch die missionarischen Grundlagen der Gesellschaft. 1931 verleiht er der Gesellschaft den Namen „Jehovas Zeugen" (und nicht, wie im deutschsprachigen Raum fälschlich verbreitet, „Zeugen Jehovas") und schafft den Sprung nach Europa.

Nach Rutherfords Tod wird Nathan H. *Knorr* zum „Präsidenten" ernannt. Unter seiner Führung erleben die heute über fünf Millionen Menschen zählenden Jehovas Zeugen ihre größte Expansion. Sein Nachfolger, Frederick W. *Franz*, kämpft um die Erhaltung dieser großen Mitgliederzahl.

Jehovas Zeugen feiern nur zweimal im Jahr: das Abendmahl als „Gedächtnis" am Tag der Kreuzigung (am 14. Tag des jüdischen Monats Nissan) und die Zeremonie der (Wasser-)Taufe. Die vorgeschriebene religiöse Praxis besteht — analog zum Judentum — aus Studium der Schriften, aus Vorträgen und Schulungen.

Die Religionsgemeinschaft von Jehovas Zeugen ist — da ihr die Trennung Geistlicher/Laie unbekannt ist — keine „Theokratische Organisation". Jedes Mitglied ist ein Prediger, und zwar ein „ordinierter Diener Gottes", wie es Dr. Roland *Schmid* („Jehovas Zeugen") in einem Gespräch formuliert.

Im Mittelpunkt der (nicht finanziell, sondern inhaltlich) „aufwendigen" Organisation steht der biblische Auftrag, das „Königreich Gottes weltweit zu verkünden". Diesem Zweck dient die lebenslange Schulung aller Mitglieder in Form von Zusammenkünften (fünf Stunden pro Woche), aber auch die Gesamtorganisation von Jehovas Zeugen:

- Die Versammlungen bilden die unterste und breiteste Stufe, die jeweils aus rund 100 Gläubigen unter der Führung einer „Ältestenschaft" — nach biblischem Muster — besteht.
- Die Kreise bilden die nächsthöhere Stufe, deren Aufseher die Versammlungen besuchen und betreuen.
- Die Bezirke und ihre Aufseher bilden die dritte Stufe.
- Die Zweigbüros haben bereits nationalen Charakter.
- Die Zonen umfassen einige Zweige.
- Die Zentrale und ihre Komitees bilden die leitende Körperschaft der gesamten Organisation.

Während die „Prediger" geschlechts- und generationsunabhängig sind, können nur Männer Funktionen („Aufseher“) nach dem apostolischen Muster (Paulus: „Die Frau sei in der Stille“) wahrnehmen.

Der „Gottesdienst“ wird — im umfassenden Sinn — einerseits als gegenseitige Schulung in den Zusammenkünften und andererseits als Missionarsarbeit verstanden; letzteres umschließt den „Haus-zu-Haus-Dienst“ genauso wie den „Straßendienst“ oder Bibelstunden mit interessierten Personen.

Ausgeprägt ist die Missionstätigkeit der „Zeugen“, die meist mit einem einfachen Hausbesuch beginnt. Zeigt sich jemand bereit, irgendeine Schrift, meist den „Wachtturm“, zu kaufen, so kann der Betreffende bald mit einem „Nachbesuch“ rechnen. Bei einem weiter anhaltenden Interesse wird man zu einem „Heimbibelstudium“ aufgefordert. Wer sich bereit zeigt, mit Freunden und Verwandten die Bibel zu Hause zu studieren, der wird bald in eine größere Gruppe zu intensiverem Studium der „Zeugen“-Schriften eingeladen. Hält das Interesse der Neugeworbenen weiterhin an, so werden sie in den „Königreichsaal“ eingeladen und dort wie ein vornehmer Gast behandelt und bewirtet. Als vorletzter Schritt auf dem Weg zur Vollmitgliedschaft erfolgt der sogenannte „Zeugendienst“, der aus dem Besuch der wöchentlichen Zeugendienstversammlungen und mit einem Besuchsdienst beginnt. Der letzte Akt ist die „Taufe“ in einem Wasserbecken anläßlich der großen und gut besuchten Kongresse von Jehovas Zeugen.

Jehovas Zeugen wollen möglichst viel Zeit ihrem Auftrag widmen. Daher unterscheiden sie:

• Verkündiger: Gewissermaßen das einfache Mitglied, das voll seinem Beruf nachgeht und monatlich rund zehn Stunden der Missionsarbeit widmet.

• Pionier-Verkünder: Dieses Mitglied schränkt seine Berufstätigkeit genauso ein wie seine Bedürfnisse und ist bereit, 90 Stunden monatlich in Sachen „Religion“ unterwegs zu sein.

• Sonder-Pionier: Dieser „Zeuge“ gibt seinen Broterwerbsberuf auf und widmet sich voll und ganz dem Predigtwerk, für das er ca. 140 Stunden monatlich einsetzt. Für seinen Lebensunterhalt erhält er eine bescheidene Zuwendung.

Analog zur „Christlichen Wissenschaft“ leugnen auch Jehovas Zeugen die Erlösung durch Christus. Für sie ist Jesu Tod am „Pfahl“ (sie sprechen ungern vom „Kreuz“) zwar ein „Loskaufopfer für vergangene Sünden“, aber keine (Kollektiv-)Garantie für ein ewiges Leben. Nur das individuelle Bemühen, Gott zu dienen, wie es die Wachtturm-Gesellschaft verlangt, führt zur eigenen Errettung.

Jehovas Zeugen lehnen jede Kirche und jede Regierung ab, da diese „vom Teufel kontrolliert“ werden. Sie warten auf die (imaginäre) „Schlacht von Harmaggedon“, die nur die „Zeugen“ überleben und anschließend 1 000 Jahre paradiesisch mit Christus leben werden. Am Ende dieses „Tausendjährigen Reiches“ werden alle Toten auferstehen. Im Himmel werden 144 000 „Erwählte“ das ganze Universum und alle Menschen regieren.

Da Jehovas Zeugen nur die Bibel als „Wort Gottes“ verstehen und sie immer bemüht sind, deren

Sinn zu erfassen, lehnen sie das Blut nicht nur als Nahrung, sondern — als radikalste Auslegung nicht nur des Alten Testaments (1. Mose 9:4; 3. Mose 17:14), sondern auch des Neuen Testaments (Apostelgeschichte 15:28, 29) — sogar als Transfusion ab. Daher sind sie nur zu Operationen ohne Bluttransfusion bereit.

Als „sittliche Frage" bezeichnen die „Zeugen" die Ablehnung des Bluts, aber auch die „Hurerei", den „Götzendienst" und den Nikotin- und Drogenkonsum. Erlaubt hingegen, gleichfalls nach biblischem Vorbild, ist Alkohol in mäßigen Mengen. Außerehelicher Sex und Abtreibung sind strengstens verboten.

Adrette junge Männer werben für die Mormonen und wollen nicht sehr viel von „Smith's Schande" hören.

Mehr als Jehovas Zeugen missionieren in den letzten Jahren die Mormonen in Europa, vor allem in den drei deutschsprachigen Ländern. Gut und adrett angezogene Männer gehen von Haus zu Haus oder sprechen auf der Straße die Passanten an mit der Frage „Sind Sie ein Christ? — Dürfen wir mit Ihnen über die Bibel sprechen?"

Über sechs Millionen Mitglieder zählt die „Kirche Jesu Christi der Heiligen der Letzten Tage", wie die Mormonen offiziell heißen; in Österreich ist sie bereits staatlich anerkannt. Die „Kirche Jesu

Christi“ missioniert in über 50 Ländern, wobei es ihr gelingt, jährlich an die 200 000 neue Mitglieder zu werben. Und alle blicken erwartungsvoll nach Salt Lake City im US-Bundesstaat Utah, dessen Bewohner zu 60 Prozent Mormonen sind und der über den amerikaweit besten Schul- und Sozialdienst verfügt. Hier gibt es kaum Alkoholiker und keine Süchtigen, die Selbstmordrate ist die niedrigste auf dem ganzen Kontinent nördlich Panamas.

An der Wiege dieses ausgeglichenen Lebens steht der 1805 in Sharon (Vermont) geborene Joseph *Smith,* dem mit 18 Jahren ein Engel befiehlt, zu dem Hügel Cumorah bei Palmyra (New York) zu gehen und dort nach einem „Buch aus goldenen Platten“ mit der Geschichte der amerikanischen Ureinwohner und des Evangelismus zu suchen. Die Platten sind zwar in altägyptischen Hieroglyphen geschrieben, aber der junge Smith wird daneben eine „Prophetenbrille“ für die Übersetzung finden. Und es geschieht alles, wie prophezeit.

Jahre später beginnt Smith, der Analphabet ist, das „Buch Mormon“, hinter einem Vorhang sitzend, drei Schreibern zu diktieren. Nach dem Diktat kommt der Engel wieder und nimmt die goldenen Platten samt Prophetenbrille an sich. Was übrigbleibt, ist Joseph Smith, das diktierte Buch und mittlerweile fünf Anhänger. Zu sechst gründen sie die „Kirche Christi der Heiligen der Letzten Tage“.

Was jetzt folgt, geht als „Smith's Schande“ in die Religionsgeschichte ein: Seine Widersacher und früheren Feinde überschütten ihn mit Spott und Hohn; die Druckerei, die Smith's „Enthüllungen“

veröffentlicht, läßt er zerstören. 1844 wird er gemeinsam mit seinem Bruder verhaftet. Noch vor dem Prozeß stürmt der Pöbel das Gefängnis und ermordet den Religionsgründer.

Das „Buch Mormon“ folgt den Spuren Kolumbus’ und der Wikinger und behauptet, daß der Israelit Lehi mit seiner Familie 586 v. Chr. auf der Flucht aus Jerusalem ein Schiff zimmerte und mit Hilfe eines himmlischen Kompasses Amerika erreichte. Zwei Völker entstanden aus Lehis Familie, beide Urahnen der (amerikanischen) Indianer. Ein Jahrtausend lang schreiben sie in einer für sie fremden Sprache ihre Geschichte nieder. Vor ihrem endgültigen Untergang (421 n. Chr.) vergräbt der letzte Überlebende die Platten, die dann Smith wiederfindet. Wo man die Geschichte der Alten findet, dort kann auch Christus nicht fern sein, der nach seiner Auferstehung genug von Europa hat und nach Amerika kommt, wo er eine neue Kirche – die der Mormonen – gründet und nach seinem endgültigen Wiederkommen in Amerika sein Reich errichten wird. Daher auch der vollständige Name: „Kirche Jesu Christi der Heiligen der Letzten Tage“.

Die Mormonen leben streng puritanisch: Sie fasten jeden Monat, ernähren sich (fast) vegetarisch, meiden Kaffee und Nikotin, Alkohol und sogar Tee. Neben einer regen Jugendarbeit halten die Familien spezielle Studienabende mit Singen, Beten und gemeinsamen Aussprachen ab.

Gott wird von den Mormonen nicht nur stark personifiziert, sondern auch vermenschlicht: Seine

Vaterschaft betreffend Jesus wird wörtlich genommen, Gott verkehrte demnach mit Maria. Die Sexualität ist ein fester Bestandteil der Mormonen-Religion; so lebt und liebt Jesus polygam mit Maria, Martha und Maria Magdalena. Unter dem Druck der amerikanischen Behörde geben die Mormonen 1890 die Polygamie auf, und erst seit kurzem distanzieren sie sich von dem Glauben, daß die Schwarzen unter Gottes Fluch stehen; daher gibt es erst seit einiger Zeit schwarze Mormonen-Priester.

Jehovas Zeugen leugnen Himmel und Hölle und leben in einer strengen Hierarchie. Sie befolgen die Bibel buchstabengetreu. Im „Buch Mormon" wird eine neue Geschichte geschrieben: Aus Israelis werden Indianer. Die Sexualität ist ein fester Bestandteil der Mormonen, die bis 1890 in Polygamie lebten.

Pfingstbewegung und Judenchristen: Von Jesus Christus bis Jesus und Christus

Am Anfang der Pfingstbewegung stehen die „Letzten Ausgießer“. Auch die heutigen Gemeinden frönen dem spirituellen Enthusiasmus, der Geisttaufe, der Zungenrede und der Wunderheilung.

An der Wiege der freichristlichen Gemeinden steht die Bahre amtskirchlicher Glaubenspraxis. Die Sehnsucht vieler Christen, das Göttliche direkt, ohne Mittler und Maßregelung zu erfahren, führt zur heute weitverzweigten, hauptsächlich als freichristliche Gemeinde auftretenden Pfingstbewegung. An den zahlreichen, meist aus protestantischen Glutnestern lodernden Flammen der enthusiastischen Frömmigkeit wärmen sich die Urväter und -mütter der Pfingstbewegung. Die lange Reihe der Gründer eröffnen die beiden amerikanischen Baptistenprediger R. G. *Spurling* senior und junior, die 1886 die „Bewegung um die Letzte Ausgießung“ („Latter Rain Movement“) gründen.

Die grenzenlose Frömmigkeit dieser Gläubigen schwappt bald über den baptistischen Rand hinaus, und im Licht der „Geisttaufe“ (keine Taufe Unmündiger, sondern nur von Erwachsenen, die vom Heiligen Geist geleitet werden) und in der Akustik der „Sprache in Zungen“ (Geister bedienen sich Lebendiger) gründet die Predigerin A. J. *Tomlinson* 1907 die „Kirche Gottes" („Church of God").

Der norwegische Missionar Thomas Ball *Barett* bringt vor dem Ersten Weltkrieg die Pfingstbewegung nach einem wundersamen Erlebnis seiner betenden Gläubigen („Kaum hatten sie angefangen, da begann mein Unterkiefer zu arbeiten, ebenso meine Zunge") aus Amerika nach Europa. Die ekstatische Frömmigkeit der amerikanischen Pfingstbewegung (Zungenrede, Krankenheilung, Erscheinungen), die man heute noch in den freichristlichen Gemeinden (z. B. „Jesus-Gemeinde") erlebt, kommt über Skandinavien nach Deutschland und von dort weiter (auch) in die Schweiz und nach Österreich.

Die von Laienpredigern und Gemeindeältesten geleiteten (Frei-)Kirchen der Pfingstbewegung sind nach wie vor in den USA am stärksten vertreten, wo in diesen Kirchen, die häufig ihren Namen ändern, eine Million Menschen ihrer gemeinsamen Frömmigkeit frönen:

- Geisttaufe mit Zungenreden
- Wunderheilung
- Biblische Treue zu Jesus Christus
- Moral ohne Mode und Drogen
- Ablehnung der Amtskirchen

Viele Zehntausende Anhänger der Pfingstbewegung, als Mitglieder der verschiedenen freichristlichen Kirchen, leben heute in England, in Skandinavien und in Deutschland. In der Schweiz und in Österreich gibt es ca. je 2 000 Menschen, die sich zu dieser Art der direkten und ekstatischen Frömmigkeit bekennen.

So sprachen wir in Linz mit Werner *Bartl*, der als „Ältester" die Geschicke der „Jesus-Gemeinde" leitet. Aus verschiedenen, überwiegend katholischen Bibelkreisen wurde vor vier Jahren in Linz diese Freikirche „ohne kirchliche Organisationsstrukturen" (Bartl) gegründet. Der charismatische Inhalt der „Jesus-Gemeinde" ist, entsprechend der Pfingstbewegungstradition, der Glaube an Wunder und an die Einheit mit Jesus Christus. Wie er selbst vor 2 000 Jahren, so akzeptieren seine heutigen Jünger nur die Erwachsenentaufe, die nach einer selbstauferlegten Buße, erfüllt vom Heiligen Geist, nach der Willenserklärung, „Ein Leben nach Gottes Ordnung zu führen", vom „Ältesten" der Gemeinde in der freien Natur (Wassertaufe) durchgeführt wird.

Der allsonntägliche Gottesdienst dieser „Fundamentalisten" (Eigendefinition) hat keinen sakralen Charakter, läuft allerdings nach einer festen Ordnung ab: Nach einem einstündigen, freien Gebet werden die Anwesenden begrüßt und nach gemeinsamem Singen die einzelnen „Zeugnisse" (individuelle Erlebnisse mit Jesus) gehört. Im Mittelpunkt des Gottesdienstes steht die Predigt, die immer ein biblisch-moralisches Thema behandelt.

Die Linzer „Jesus-Gemeinde" hat weder Mitglieder, noch führt sie Mitgliederkarteien, noch schreibt sie (Pflicht-)Beiträge vor; selbst die Spenden, die gar nicht so spärlich fließen — die Linzer Gemeinde unterhält sowohl ein Büro mit Versammlungsräumen als auch zwei hauptberufliche

Mitarbeiter — werden stets anonym — auch innerhalb der Gemeinschaft — gehalten.

Analog der alten Tradition der Pfingstbewegung variiert auch der Name der einzelnen „autonomen Freikirchen“ (Bartl), mit denen sie in Kontakt stehen; so z. B. mit den beiden deutschen Freikirchen „Jesus für Deutschland Missionsgemeinde“ und „Jesus-Gemeinde“.

Wie alle Sekten und Freikirchen, so pflegt auch die „Jesus-Gemeinde“ eine intensive Missionstätigkeit. Auf ihren Flugblättern („Der Wegweiser“) beschreiben die Bekehrten und Getauften ihren meist schicksalhaft-abenteuerlichen Lebensweg und ihre seelische und manchmal auch körperliche Heilung durch Jesus Christus recht ausführlich und beispielgebend. Zeigt sich jemand von der Missionsarbeit angesprochen, so wird er zunächst zur Buße (1. Schritt) und dann zur Taufe (2. Schritt) zugelassen, die als Wassertaufe (Baptismo = untertauchen) nach der Formel „Ich taufe dich im Namen des Herrn Jesus Christus zur Vergebung deiner Schuld und Sühne“ erfolgt.

Alle heute noch existierenden freichristlichen Gemeinden — so z. B. der „Christliche Gemeinschaftsverband“ in Mühlheim an der Ruhr, die mit über 30 000 Mitgliedern größte Pfingstbewegung in Deutschland, die „Gemeinde Gottes“ in Krähwinkel bei Schorndorf mit ihren fast 5 000 Mitgliedern, die „Gemeinde Jesu Christi“ bei Stammheim, die „Volksmission entschiedener Christen und Biblische Glaubensgemeinde“ in Berlin, die „Gemeinde der Christen“ (Ecclesia) in Solingen, der „Missionsbund zur Ausbreitung urchristlichen Evangeliums" in Hirzhain (Oberhessen) mit je einigen hundert bis 2 000 Mitgliedern — fußen auf dem religiösen Inhalt der alten Pfingstbewegung, die wir bereits teilweise erwähnten:

• Spiritualer Enthusiasmus: Die verinnerlichte Frömmigkeit in der Pfingstbewegung drückt sich am besten in den enthusiastischen Erlebnissen ihrer Anhänger (z. B. Begegnungen mit Jesus Christus) aus. So rechnen die Pfingstler seit Anbeginn ihrer Bewegung mit der nahen Wiederkunft Christi. Diese emotionale Frömmigkeit unterscheidet sich grundlegend von der Glaubensfrömmigkeit der Katholiken und Protestanten, für die sich der Heilige Geist durch Wort und Sakrament offenbart; die Pfingstler hingegen glauben an eine Direktbegegnung (ekstatisches Erlebnis).

• Die Geisttaufe: Dieses „Hochziel der Pfingstfrömmigkeit" (Hutten) besagt, daß der Heilige Geist in die Seele des Gläubigen einzieht und sie vollends erfüllt. Auf dem Weg der Wiedergeburt, die als Gegenüber des Menschen zum Heiligen Geist verstanden wird, erlebt der Gläubige in der Geisttaufe dieses Ineinander mit dem Heiligen Geist. Wer die Geisttaufe durchläuft, der muß sich und all seine Kräfte der Mission zur Verfügung stellen.

• Die Zungenrede: Als „Ausweis der empfangenen Geisttaufe" (Hutten) wird die Zungenrede in einer enthusiastischen Ekstase erlebt und wiedergegeben. Der Heilige Geist bemächtigt sich des Menschen und gebraucht seine Zunge. Das Ergebnis, das sich auch hin und wieder als ein Gestammel und Gestotter anhört, kann nur als Himmelssprache und nicht logisch und vernunftmäßig gewertet werden. Die vielfältigen Themen der Zungenreden befassen sich vor allem mit Weissagungen, Verheißungen, aber auch Mahnungen und Warnungen an die versammelte Gemeinde. Jesus Christus spricht hier nicht durch die Evangelien, sondern direkt durch den Gläubigen.

- Die Heilungsgabe: Als Wunderheilung von körperlichen und geistigen Gebrechen wird die Heilungsgabe, neben der Zungenrede, vor allem in der Missionsarbeit eingesetzt. In den zahllosen Pfingstblättern und Werbeschriften der freichristlichen Gemeinden wird unentwegt über erfolgte und erfolgreiche (Wunder-)Heilungen berichtet.

Es gibt keine vielschichtigere freichristliche Bewegung als die der Pfingstler mit all ihren Verästelungen. Unter den Pfingstgemeinden gibt es wenn auch mitgliedermäßig kleine Kirchen, auch solche, die in einer fanatisierten Überheblichkeit alle anderen Konfessionen, vor allem aber die großen Amtskirchen herabwürdigend als „Hort der Ungläubigen" bezeichnen. Dieses Prinzip, Frömmigkeit statt Toleranz, kennzeichnet auch so manche Pfingstgemeinde in den drei deutschsprachigen Ländern.

Die durch Buße bekehrten Gläubigen in den Pfingstgemeinden fühlen sich vom Geist Gottes, symbolisiert duch Jesus Christus, beseelt und erleben in diesem Sinn die drei wesentlichen Merkmale ihrer Gemeinden: Geisttaufe, Zungenrede und Heilungsgabe. Diejenigen Gemeindemitglieder, die ihr religiöses Leben lediglich auf Stillung ihres ekstatischen Erlebnishungers beschränken, verfehlen ihr Lebensziel und laufen Gefahr, wie das die Pfingstevangelisten immer wieder betonen, ihre Seele „auszubrennen". Wer jedoch vom Heiligen Geist erfüllt ist und sich von seinen Sünden lossagt, der trifft auf dem Weg zur Herrlichkeit Jesus Christus.

Abram Poljak will Jesus Christus zu den Juden führen. Unter seinem „Kreuz im Davidstern" treffen „messianische Juden" auf „Heidenchristen".

Der Weg von der pfingstbewegten enthusiastischen Frömmigkeit der freichristlichen Jesus-Gemeinden bis zur judenchristlichen Gemeinde ist gar nicht so weit, wenn auch recht abenteuerlich. — Diesen Weg durch die Wildnis des Glaubens geht Abram *Poljak*, Enkel eines russischen Rabbiners und Begründer der judenchristlichen Gemeinde. Bereits 1933 begegnet ihm in einem Gestapogefängnis der „gekreuzigte und auferstandene Messias seines Volkes" (Hutten).

Poljak gelingt die Flucht aus Nazi-Deutschland, und in Paris wird er von einem Baptisten-Prediger getauft. Über Wien und Zürich schifft er sich nach Palästina ein, wo er am legendären Ölberg sein „juden-christliches Werk" begründet.

Noch vor dem Zweiten Weltkrieg kehrt Poljak, nachdem er in Palästina die Judenchristliche Union gechaffen hat, nach Europa zurück. In Wien kann er nicht Fuß fassen, und so fährt er nach Zürich weiter; hier ruft er 1937 seine „Internationale Vereinigung für Judenchristliche Siedlungen in Palästina" ins Leben. Sein grundlegendes Buch, „Das Kreuz im Davidstern" — das spätere Symbol seiner Freikirche —, erscheint allerdings in Wien.

Mit Kriegsbeginn kommt Poljak nach London, wo er (1944) den ersten Gottesdienst seiner Gemeinde, die er „jüdische Kirche" bzw. „Christliche Synagoge" nennt, auf beiden Testamenten fußend, abhält. Die prinzipielle Form seines Gottesdiensts entspricht der synagogalen Ordnung. So wird der Hauptgottesdienst am Freitagabend („Preis dem Gott Abraham") gefeiert und am alljährlichen Pasahfest des Auszugs aus Ägypten gedacht. Die Männer unter seinen Mitgliedern, die entweder „messianische Juden" oder „Heidenchristen" sind, müssen beschnitten sein.

Genauso wie die Pfingstprediger sind auch die judenchristlichen Missionare überzeugt, daß Jesus Christus duch ihren Mund redet. „Wir müssen Jesus als Juden und als Messias Gottes annehmen und Ihn aus der Hand jener Christen reißen, die Ihn zum Götzen gemacht haben. Sie haben den Sabbat auf den Sonntag verlegt und viele Gebete und Feste aufgehoben, während Er gesagt hat, Er sei nicht gekommen, die Thora aufzulösen, sondern zu erfüllen. Er lebte unter Juden und opferte sich selbst für die Juden, um mit Seinem Blut unsere Sünden zu versöhnen. Und Er ist auferstanden und wird wiederkommen, um uns ‚mit vollkommener Erlösung' zu erlösen.“ So Daniel *Zion,* ein ehemaliger bulgarischer Oberrabbiner und langjähriger Sprecher der Judenchristen in Israel.

Auch die ständigen Spaltungen und Neugründungen der verschiedenen nationalen und internationalen judenchristlichen Gemeinden ähneln den unsteten Organisationen der Pfingstbewegung. Poljak selbst führt, nach Kontinentaleuropa zurückgekehrt, einen erbitterten Kampf gegen die verschiedenen (christlichen) Judenmissionen.

Seine größten Erfolge erlebt Poljak in der Schweiz; in Basel (1951) fühlt er einen „Durchbruch in der heidenchristlichen Welt“ und ebenso in Deutschland, wo Tausende aus verschiedenen Sekten und Freikirchen zu ihm überwechseln. In Neckargemünd, wo er seinen „Patmos“-Verlag gründet, läßt er sich nieder. Verlag und Freikirche, die 1954 den Namen „Reichsbruderschaft Jesus Christus“ annehmen, geben vier Zeitschriften in mehreren Sprachen heraus.

Die „Reichsbruderschaft“ ähnelt immer mehr der Pfingstbewegung; auch was ihre hierarchielose Organisation, die Gottesdienste in der Gemeinde („Gebetsgemeinschaft“) und die sonstigen Zusammenkünfte anlangt. Hier wie dort werden keine Mitgliedslisten und -beiträge geführt bzw. eingehoben, und der Präsident der „Reichsbruderschaft“, Baron *von Springer*, ist 1949 auf Verzicht jedweden Kirchenbeitrags genauso stolz wie der „Älteste“ der „Jesus-Gemeinde“, Werner Bartl, 1989 in Linz.

Poljak teilt die (auch jüdische) Gesamtchristenheit in zwei nichtfeindliche Gemeinden ein; er spricht von dem jüdischen „Königreich Christi" („Reichsgemeinde") und von der heidenchristlichen Gemeinde der „Wiedergeborenen" („Leibesgemeinde"). Trotz aller Verschiedenheit sind die beiden Gemeinden in Christus verbunden.

Abram Poljak versteht seine judenchristliche Gemeinschaft als Vorhut des jüdischen Volkes; bald werden sich alle Juden zu ihrem „König" Jesus Christus bekennen. Um sich allerdings nicht vom eigenen Volk trennen zu müssen, können sich die christlichen Juden nicht der heidenchristlichen Gemeinde anschließen.

Im Gegensatz zur „Internationalen Judenchristlichen Allianz", deren Zweck es ist, die Juden zu christianisieren (aus ihnen also Christen im kirchlichen Sinn zu machen), will Poljak die jüdischen Anhänger Jesu nicht christianisieren; in seiner „Reichs"idee kommen nicht die Juden zu Jesus, sondern kehrt Christus als Messias zu seinem Volk zurück. Wegen dieser Idee muß Poljak den Vorwurf, das Evangelium zu judaisieren, einstecken.

Die freikirchliche Ähnlichkeit zwischen der Pfingstbewegung und der Judenchristlichen Gemeinde geht weit über Poljaks einseitige Auslegung der Judenchristen hinaus. Da er seine Ideen vehement und kompromißlos vertritt, verfassen (1952) neben Pfingstkreisen auch einzelne (frei-)evangelische und judenmissionarische Gemeinden gegen Poljak eine vielseitige Streitschrift und lehnen vor allem seine Trennungsauffassung zwischen den judenchristlichen und den heidenchristlichen Heilslinien ab.

Auch die judenchristlichen Gemeinden — soweit sie nicht der reinen Missionierung der Juden dienen — repräsentieren die Ideologie der Freikirchen: Mit der Originalität der Orthodoxie entwerfen sie immer wieder neue Ideen, wobei sie recht toleranzschwach die Möglichkeit der Öffnung Andersgläubigen und -denkenden gegenüber leugnen. Sie machen auch ihren Anspruch auf Alleinseligmachung konsequent und kompromißlos geltend.

Dieser Gefahr der „Orthodoxierung" unterliegen manchmal auch weltumfassende Amtskirchen. Ihr Vorteil gegenüber Sekten und Freikirchen liegt in der zyklischen Wandelbarkeit, was wir nahezu ununterbrochen im römischen Katholizismus als Wechselspiel von einem progressiven auf einen konservativen Papst erleben. Diese Flexibilität zwischen Öffnung und Schließung der eigenen Reihen kennen die Sekten und Freikirchen nicht. Sie schwimmen immer im konservativen Fahrwasser einer intoleranten Geistigkeit.

Seit 100 Jahren erleben die „Pfingstler" ihre direkte, ekstatische Frömmigkeit in und durch Jesus Christus. Die „Judenchristen" des Abram Poljak wollen Jesus zu seinem Volk zurückführen.

Kirche Gottes und Rastas: Geschäft und Glauben

Armstrong predigt über „Gott und Geschäft" und druckt seine Zeitung („Klar und wahr") viermillionenfach.

Armer Armstrong: Was der Sohn des Gründers der (Frei-)„Kirche Gottes", Herbert W. *Armstrong,* Garner Ted *Armstrong,* seinem Vater antut, das scheint alle moralischen Grenzen dieser Gemeinde zu sprengen. Seine (angeblichen) „sexuellen Fehltritte" lassen den Vater im Grabe rotieren . . . Aber so weit sind wir noch nicht.

Herbert W. Armstrong, 1893 in Des Moines im US-Bundesstaat Iowa geboren, geht den bereits bekannten Weg aller Sekten- und Freikirchengründer: Er schließt sich zunächst einer bekannten Kirche an, den Methodisten. Wie viele anderen Sektengründer gerät auch er in Zwiespalt mit der „Mutterkirche" und gründet schließlich mit 33 Jahren die „Kirche Gottes", dann beginnt er mit seiner Vortragsreise über „Gott und Geschäft".

Armstrongs biblisches Konzept — „Erfolg in der Wirtschaft mit Hilfe des Glaubens" — geht voll auf; die Kasse stimmt, und der Gründer wird zum reichen Mann mit eigenen Radiostationen und Zeitungen. Allein sein Hauptorgan „Klar und wahr" („The Plain Truth") erreicht eine Auflage von über vier Millionen.

Mitte der siebziger Jahre wird Armstrong jun., der mittlerweile einen Gutteil der Geschäftsführung von seinem Vater übernommen hat, aus allen seinen Ämtern entfernt. Trotz dieser „Bereinigung" treten sechs führende Geistliche aus der „Kirche Gottes" aus und gründen mit 2 000 enttäuschten Armstrong-Anhängern die „Assoziierte Kirche Gottes".

Genauso falsch wie die Buchführung ist die Prophetie der „Kirche Gottes": Seit der Zerstörung des zweiten Jerusalemer Tempels (70 n. Chr.) wird von den christlichen Kirchen ein falsches Evangelium gepredigt — so lange, bis Armstrong sen. mit seinen Prophetien beginnt und auch die zehn verlorenen Stämme Israels wiederfindet: Diese sind die Vorfahren der Engländer.

Im Gegensatz zu den meisten Sekten und Freikirchen leugnet die „Kirche Gottes" die Bedeutung des Neuen und akzeptiert nur das Alte Testament. Demnach ist der jüdische Kalender für sie genauso Verpflichtung wie die Einhaltung der strengen Speisevorschriften und Tora und Talmud.

Ganz will Armstrong allerdings nicht auf das Neue Testament verzichten, vor allem nicht auf Jesus. So lehrt die „Kirche Gottes", daß Jesus auf die Erde zurückkehren wird und alle, die sich nicht zu ihm bekennen, eine hundertjährige „Bedenkzeit" erhalten werden. Danach gibt es kein Pardon mehr.

Kriege, Krisen und Katastrophen kündigen das jähe „Ende der Zeiten" an. Die zwölf Stämme Israels werden wieder vereint, um — gemeinsam mit Jesus — „Gottes Gebote" zu erhalten.

Armstrong-Anhänger werden manchmal rabiat. So nehmen die israelitischen Behörden an, daß der junge Australier, der die Al-Aksa-Moschee — wo einst Salomons Tempel stand — niederzubrennen versuchte, ein Mitglied der „Kirche Gottes“ ist.

Ein Nachkomme von Salomon und Saba macht die Bibel in Jamaika heimisch.

Der Weg von der „Kirche Gottes“zu den „Kindern Israels“ ist gar nicht so weit: Beide haben nichts mit Christentum und Judentum, aber umso mehr mit einer etwas verworrenen Religionslehre und mit einem gesunden Gespür für Geld gemein. Wie die Familie Armstrong, so macht auch der jamaikanische Pop-Star Bob *Marley* sehr viel Geld für seine Glaubensgemeinschaft, für die „Rastas“, auch „Kinder Israels“ genannt. Die Anhänger dieser „Religion der Verachteten“, wie sie sich selbst nennen, sind davon überzeugt, daß Ras Tafari, der spätere äthiopische Kaiser *Haile Selassie*, der neue Messias der Schwarzen ist; sie verabscheuen zwar Alkohol, haben jedoch nichts gegen Marihuana als Meditationshilfe einzuwenden.

Die Rastafaris kann man an ihrer Kopf- und Haartracht erkennen: Unter ihrer Kopfbedeckung in den äthiopischen Farben Rot, Schwarz, Grün und Gold tragen sie ihr Haar, das so gut wie nie Wasser sieht, in lange Flechten gedreht. Konserven lehnen die Rastafaris in der Musik (sie musizieren oft) wie in der Küche ab und essen nur Frischgekochtes. Auch mit der Ehe, die sie für einen Ausdruck des ihnen verhaßten bürgerlichen Establishments halten, können sie nicht viel anfangen, sie lehnen aber auch sexuelle Freizügigkeit ab.

Als eigentlicher „Rastas"-Gründer gilt der Jamaikaner Marcus Mosiah *Garvey*, der in den zwanziger Jahren die „Universal Negro Improvement Association" mit dem ehrgeizigen Vorhaben, alle Neger unter der Führung eines schwarzen Königs nach Afrika heimzuführen, ins Leben ruft. Obwohl 1930 Ras („Prinz") Tafari zum Kaiser Haile Selassie von und in Äthiopien gekrönt wird, glaubt noch immer kaum jemand an den gedemütigten und gekränkten Garvey, der 1940 einsam und verlassen in England stirbt.

Die Kunde des schwarzen Kaisers, der sich als direkter Nachkomme König Salomons und der Königin Saba fühlt, erreicht bald auch Jamaika, wo immer mehr Neger die Bibel zu lesen beginnen. Ihre Sehnsucht nach der „Heimat" Afrika wächst, und auch der bereits tote Garvey wird „ausgegraben"; zumindest seine Lehre über die afrikanische Heimstätte. Auch die „Rastaris", die mittlerweile eine sektenähnliche Gemeinschaft führen, melden sich wieder und werden tonangebend in Jamaika. 1966 besucht Selassie Jamaika, wo er als „Messias" gefeiert wird; die Nachricht von seinem Ableben (1975) wird von den Rastafaris heute noch geleugnet.

Die Anhänger der „Rastas"-Sekte sind davon überzeugt, daß Gott und Jesus — und dazu alle Israeliten samt den Urchristen — schwarz waren. Gott in Menschengestalt war nicht Jesus, sondern Haile Selassie, der den Tod in einer „anderen Dimension“ überlebt. Als Verfechter der Seelenwanderung „erinnern“ sich so manche Rastafaris, wie sie einst auf den Sklavenschiffen Afrika verlassen mußten. Die Freiheit der Schwarzen und dadurch der gesamten Menschheit ist nur in Afrika möglich.

Die „Kirche Gottes“ glaubt an den „Erfolg in der Wirtschaft mit Hilfe des Glaubens“ und akzeptiert nur das Alte Testament. Für die Rastafaris ist Kaiser Haile Selassie der „Messias“, der alle Schwarzen in die afrikanische Freiheit heimführen wird.

Christliche Wissenschaft und G: Materie und Millionen

Eine Sektengründerin hält Jesus nur für den „galiläischen Propheten". Diese Sekte ohne Priester und Prediger hält Gottesdienst ausschließlich für Erwachsene.

Mary gegen Materie: Vor 100 Jahren gründet die Amerikanerin Mary Baker-*Eddy* die Freikirche der „Christlichen Wissenschaft". Die 1821 in Bow (New Hampshire, USA) geborene Kirchenbegründerin hat etwas gegen Jesus, den sie nur den „galiläischen Propheten" nennt, und sehr viel gegen die Materie. Relativ leicht kann man ihre komplizierte Lehre zusammenfassen: „Gott ist Geist — Geist ist das Gegenteil von Materie — also hat Gott niemals Materie geschaffen." (Butterworth.)

Mary Baker-Eddy läßt einen eiskalten Vater und drei Ehemänner hinter sich, bevor sie — als einstige Anbeterin des Wunderheilers Phineas P. *Quimby*, der alle Medikamente verteufelt und behauptet, daß einzig und allein das Vertrauen in den Heiler die Patienten gesundmacht, und selbst an Magenkrebs stirbt — ihr berühmtes Buch „Wissenschaft und Gesundheit mit Schlüssel zur Heiligen Schrift" verfaßt und dieses Werk zur Bibel ihrer „Christlichen Wissenschaft" macht.

Seither steht dieses geistig-geistliche Grundbuch vor jeder Kirche der Christlichen Wissenschaft mit folgendem Zitat groß eingerahmt: „Ich würde erröten, es zu schreiben, wenn es einen menschlichen Ursprung hätte, wenn ich getrennt von Gott sein Verfasser wäre. Ich war aber nur der Schreiber, der die himmlischen Harmonien in göttlicher Naturlehre wiedergab. So kann ich nicht bescheiden sein in der Einschätzung dieses Lehrbuches der Christlichen Wissenschaft."

Der dritte Ehemann der Kirchengründerin, der Nähmaschinenvertreter Asa Gilbert *Eddy*, managt die neue Bewegung und sorgt für eine gute geschäftliche Grundlage.

Rund eine halbe Million Menschen gehört heute noch der „Christlichen Wissenschaft" an. Jede Woche wird in der Bostoner Zentrale eine „Lektionspredigt" geschrieben und an die Zweigkirchen versandt. Um jede mögliche Abweichung von der „reinen Lehre" zu vermeiden, kennt die „Christliche Wissenschaft" keine eigenen Geistlichen oder Priester, sondern pro Zweigkirche gibt es nur zwei „Leser", die allwöchentlich den (jeweiligen) „Goldenen Text" (aus Boston) und ausgewählte Bibelstellen der versammelten Gemeinde vorlesen. Kinder und Jugendliche unter 20 Jahren besuchen anstelle des Gottesdiensts die Sonntagsschule. Alle kirchlichen Gemeinden werden ausschließlich von freigewählten Laienfunktionären geleitet.

Das Böse und das Schlechte im Menschen sind nicht existent, sondern nur „unwirkliche Produkte" unserer Phantasie. Der Mensch ist demnach immer gut, er kann weder sündigen noch sterben. „Der Körper kann nicht sterben, weil Materie kein Leben hat, das sie verlieren könnte."

Obwohl die Gründerin der „Christlichen Wissenschaft" die Wirkung der Medikamente stets leugnet, nimmt sie im letzten Jahrzehnt ihres Lebens zahlreiche Medikamente. In ihrem 89. Lebensjahr stirbt sie an Lungenentzündung.

Ein armenischer Geschäftsmann glaubt felsenfest an das Übernatürliche und beutet seine Anhänger erbarmungslos aus.

Ähnlich wie Mary Baker-Eddy wurde der Armenier George Ivanovics *Gurdjieff* vom Christentum tief enttäuscht und gründet deshalb seine geheime Sekte, die dermaßen geheim ist, daß sie nicht einmal einen eigenen Namen hat, sondern nur unter dem Namen ihres Gründers — „Gurdjieff" oder abgekürzt: „G" — firmiert.

In den siebziger Jahren des vorigen Jahrhunderts nahe der russisch-iranischen Grenze geboren, fühlt sich Gurdjieff immer schon mit dem Übernatürlichen verbunden, ohne jedoch die materiellen Werte des Natürlichen zu negieren. Als tüchtiger Geschäftsmann beteiligt er sich recht erfolgreich an Öl- und Fischereiunternehmungen, aber auch am Teppich- und am Antiquitätenhandel.

Als Rubelmillionär kommt er vor dem Ersten Weltkrieg nach Moskau, wo er mit seinen okkulten und religiösen Vorträgen großes Aufsehen erregt. Sein erster Prediger, der Philosoph und Mathematiker Peter Demienovics *Ouspensky,* sorgt für eine rasche Verbreitung der neuen Lehre der „G"-Sekte. Die Oktoberrevolution und die bolschewistische Machtergreifung vertreiben auch die „G"-Sekte aus der Sowjetunion; Ouspensky emigriert nach England, und Gurdjieff flüchtet nach Frankreich. Seit dieser Zeit gibt „G" nur zwei Lebenszeichen von sich: Er schreibt und veröffentlicht seine beiden Bücher „Alles und jedes" und „Bedeutende Menschen, die ich traf". Ansonsten umhüllt er sich mit geheimnisvollen Schleiern; nicht einmal seine engsten Anhänger können seine persönlichen Geheimnisse lüften. Und genau das macht ihn immer noch attraktiv.

Seine Lehre, eine christlich-indische Mischung, behauptet, daß der Mensch, der aus drei Zentren (Gefühl, Intellekt und Körper) besteht, sieben Entwicklungsstufen durchlaufen kann:

1. Der triebhafte Mensch
2. Der emotionale Mensch
3. Der intellektuelle Mensch
4. Der Mensch im Übergang
5. Der integrierte Mensch
6. Der bewußte Mensch
7. Der vollkommene Mensch

Die meisten Menschen bleiben bereits auf der ersten (Entwicklungs-)Stufe stehen, andere erreichen die zweite oder dritte Stufe; kaum jemand erklimmt die beiden letzten. Erst auf der siebenten Stufe wird der Mensch unsterblich.

Gurdjieff nennt seine religiös-philosophische

Lehre „reziproke Erhaltung", da er behauptet, daß der Mensch einerseits von seiner Umwelt abhängt, andererseits aber für sie voll verantwortlich ist. So hat er die Pflicht, sich stets zu vervollkommnen, wie es seine sieben Entwicklungsstufen zeigen.

Die Mitglieder der „G"-Sekte leben im „Institut für harmonische Entwicklung des Menschen" im französischen Fontainebleau, wo sie an ihrer eigenen „Vervollkommnung" mit härtester manueller und geistiger Leistung arbeiten. Einmal in der Woche werden die Sektenmitglieder jedoch belohnt. Da verwandelt sich das „Institut" zur Stätte der Freude. Manchmal fährt man auch in Autos aufs Land, wo frisch-fröhlich alkohol- und kaviarreich gefeiert wird. Gurdjieff, obwohl selbst ein sehr schlechter Autofahrer, führt die Kolonnen meist im Zick-Zack-Kurs an. Während einer solchen Fahrt verunglückt er — 1949 — tödlich.

Seine Sekte gibt es immer noch, die Mitglieder leben — die Gründe kennt man nicht — verborgen und treten selten an die Öffentlichkeit.

Eine halbe Million Menschen erhält heute noch wöchentlich die „Goldenen Texte" aus Boston. Der Mensch ist demnach gut und unsterblich. Die Anhänger der „G"-Sekte glauben, daß der Mensch sieben Entwicklungsstufen bewältigen kann, meist aber auf der ersten stehenbleibt.

Statt einer Zusammenfassung: Sekten — real

„Anstößigkeit" und „Absonderung" sorgen für ein schlechtes Image. Wo verläuft die Schmerzgrenze zwischen Sekten und Freikirchen? Sektenaufklärung ist genauso wichtig wie Sexualaufklärung.

Das gesellschaftliche Problem der Sekten und Freikirchen liegt in ihrer Andersartigkeit, die man höflich als „Besonderheit" (Schmidtchen) bezeichnen oder, weniger höflich, als „Anstößigkeit" bewerten kann. Dieses Image ist das Resultat einer bewußten Absonderung, die ihnen gegenüber Schwellenängste auslöst. Sie bauen aber auch eine Gegenkultur auf und nehmen damit eine Gegenposition zur herrschenden kulturellen Umgebung ein. Bedingt durch diese beiden Eigenschaften — Absonderung und Gegenkultur — fallen sie meist unangenehm auf; die einen mit ihren wallenden Gewändern, die anderen mit der Ablehnung der Bluttransfusion. Vergessen wir aber nicht: Absonderung und Andersartigkeit waren schon immer das Schicksal der „Sekten"; auch der, die mittlerweile zu Weltreligionen und Amtskirchen aufgestiegen sind.

Solange Sekten und Freikirchen als anonyme Masse gewissermaßen aus der „Ferne" verstanden und nicht direkt erlebt werden, können sie noch mit einer zur Duldung degenerierten Toleranz rechnen. Treten sie jedoch in Gestalt und Verkörperung einzelner Mitglieder in Erscheinung, so schwindet ihnen gegenüber die Duldung der Mehrheit. Genau hier erleben wir auch die (Schmerz-)-Grenze zwischen Sekten und Freikirchen; und zwar in der soziologischen und kulturellen „Aufenthaltsfreiheit". Während nämlich die Sekten (z. B. „Bhagwan") darauf bestehen, daß sich ihre Mitglieder nicht nur anders kleiden und benehmen, sondern daß sie sich ihrer gewohnten familiären und beruflichen Umgebung entziehen, entfernen die Freikirchen (z. B. „Jehovas Zeugen") die Gläubigen nicht aus der gewohnten Umgebung.

Diese Zweiteilung ändert nichts an den feinstrukturierten Abstufungen hinsichtlich der Bewegungs- und Gedankenfreiheit der einzelnen Sekten und Freikirchen. Aber: Die „Freiheit" variiert gleichfalls zwischen und sogar innerhalb der einzelnen und in jeder Hinsicht akzeptierten Weltreligionen.

Wer über Sekten und Freikirchen spricht, sollte auch versuchen, sie zu definieren: Sie sind wie schon erwähnt straff organisierte Hierarchien mit religiösem Inhalt und ungleichen Zu- und Abgängen; eine leichte Aufnahme auf der einen und ein erschwerter Austritt auf der anderen Seite.

Wir skizzierten bereits die bedrohliche Entpersönlichung der Mitglieder, die ein weiteres Kriterium dieser religiösen Gemeinschaften ist. Daher ist die beste Abwehr gegenüber den Sekten — die Freikirchen zermalmen nicht die Persönlichkeit — die Stärkung der Person und der Eigenverantwortlichkeit.

Die wichtigste Voraussetzung dieser Selbstverantwortung und -bestimmung ist die richtige Aufklärung der Jugend. Analog zur sexuellen Aufklärung durch Schule und Elternhaus wäre eine umfassende religiöse Aufklärung zwischen der reinen Wissensvermittlung (Religionsgeschichte) und dem religiösen Konformismus (Konfessionalität) angebracht.

Die Wirklichkeit weicht jedoch von dieser Wunschvorstellung stark ab. Anstelle einer zweckentsprechenden religiösen Aufklärung schieben wir die Religion in die reine Privatsphäre ab. Der (Verlegenheits-)Spruch — „Religion ist Privatsache" — kommt keinem religiösen Bedürfnis nach. Die beiden historisch leicht nachvollziehbaren Positionen — die konfessionelle Unduldsamkeit vergangener Zeiten und die Privatisierung der Religion unserer Gegenwart — hinterlassen eine stark auseinanderklaffende Lücke; und genau in diese Lücke stoßen die Sekten und Freikirchen vor.

Erwächst aus der Schwellenangst gegenüber den Sekten und Freikirchen eine gewisse Dämonisierung, so überschätzen viele Menschen die tatsächliche Stärke dieser Religionsgemeinschaften. Gerhard *Schmidtchen* weist nach, daß der Anteil der gegenwärtigen und der ehemaligen Mitglieder dieser Gemeinschaften in Deutschland nicht höher als bei 1,7 Prozent liegt. In Österreich und in der Schweiz ist dieser Wert erfahrungsgemäß geringer und liegt bei 1 Prozent. Interessant ist die Mitgliederstruktur:

- Die stärkste Gruppe (ca. 60%) bilden die Jugendlichen zwischen 14 und 19 Jahren.

- Die 20- bis 39jährigen jungen Menschen weisen nur noch einen 10-Prozent-Anteil auf.
- Gleichfalls 10 Prozent beträgt der Anteil der Personen mittleren Alters (40 bis 49 Jahre).
- Erst bei den (gegenwärtigen und ehemaligen) Mitgliedern über 50 Jahre steigt der Anteil erneut auf 20 Prozent an. Ein Gutteil dieser älteren Mitglieder sind Frauen.

Gleichfalls interessant ist die frühere Religionszugehörigkeit der Mitglieder: Evangelische und Katholiken sind unterdurchschnittlich, Personen ohne Konfession jedoch überdurchschnittlich vertreten. Es ist also kein Wunder, daß sich die Sektenwerber vor allem für konfessionslose Menschen interessieren.

Wenn wir schon bei der Sektenwerbung sind: Das Sektenschrifttum gehört heute zu den am weitesten verbreiteten Werbemitteln überhaupt: Fast die Hälfte der Bevölkerung kennt irgendeine Schrift dieser Religionen, wobei der „Wachtturm" (Jehovas Zeugen) am häufigsten genannt wird.

Auch die Sekten, die Freikirchen und die sektennahen Organisationen kennen ihr schlechtes Image. Deshalb greifen sie gar nicht so selten nach wohlklingenden, von den meisten Menschen gesuchten und bejahten Inhalten, wie „biologische Ernährung", „Selbstfindung", „Körper- und Konsumbewußtsein", „Meditation und Konzentration"; sie bieten auch andere Angebote aus dem großen „Psychomarkt" an. Ergänzend und verstärkend zu diesem Positivprogramm servieren sie gleichfalls attraktive Verzichtvorhaben (gegen „Alkohol“, „Drogen“, „Egoismus und Einsamkeit“).

Sekten und Freikirchen, die man nur in ihren extremsten Formen scharf voneinander trennen kann, sind die „anderen“, für die meisten Menschen (noch) ungewohnten Religionen, die häufig Angst einflößen. Allerdings: Wann und welche Freikirche vielleicht schon morgen rechtlich anerkannt und akzeptiert wird, das wissen wir nicht. Denken wir dabei z. B. an den Buddhismus, den heute wohl kaum jemand für eine Sekte oder Freikirche halten würde. Daher sollten wir — wo es geht und wo es angebracht ist — Toleranz walten lassen und nicht alles, was (noch) unbekannt und ungewohnt ist, von vornherein ablehnen. Wir sollten auch den Sekten und den Freikirchen zwar mit kritischen, aber offenen Augen und mit einem wachen Intellekt begegnen.

Während Sekten ihren Anhängern selten „Aufenthaltsfreiheit“ gestatten, belassen Freikirchen ihre Mitglieder in ihrer gewohnten Umgebung. Fazit: Kritische Distanz, aber auch — wenn es möglich ist — tolerante Haltung ihnen gegenüber. Alle Amtskirchen waren einst „andere Religionen“.

Zeittafel

1173 Waldenser des Pierre Vaudés (Petrus Waldes)
1791 Voodoo-Zauber
1830 Mormonentum des Joseph Smith
1861 Sant Mat des „Vollkommenen Meisters“
1863 Baha'ismus des Mirza Husyn Ali („Baha'u'llah“)
1874 Jehovas Zeugen des Charles Taze Russel
1879 Christian Science der Mary Baker-Eddy
1886 Pfingstbewegung des R. G. Spurling
1925 Kirche Gottes des Herbert W. Armstrong
1935 Self Realization Fellowship des Swami Yogananda
1944 Judenchristen des Abram Poljak
1954 Scientology Church des Lafayette R. Hubbard
1954 Vereinigungskirche des San Myung Mun
1955 Ananda Marga des Prabhat Ranjan Sarkar
1960 Divine Light Mission des Shri Hans Ji („Maharaj J.“)
1964 Sri Chinmoy des Chinmoy Kumar
1965 Eckankar des Paul Twitchell
1966 Hare-Krishna-Bewegung des Abhay Charan De
1966 Bhagwan-Shree-Rajneesh-Bewegung des Rajneesh Chandra Mohan
1968 Kinder Gottes des David Berg
1976 Sai des Sathya Sai Baba
1980 Volkstempel-Massenselbstmord

Weiterführende Literatur

Zur Vertiefung des Themas empfiehlt der Autor aus der Fülle der einschlägigen Literatur folgende Bücher, die zum Teil als Quelle benutzt wurden:

Bellinger, Gerhard J.: Knaurs großer Religionsführer, München 1986

Butterworth, John: Das Buch der Sekten und Kulte, Wuppertal 1981

Ellinger, Herbert: Buddhismus, Wien 1988

Flöther, Eckart: Der Todeskuß. Wahn und Wirklichkeit der Bhagwan-Bewegung, Stuttgart 1985

Geppert, H. J.: Götter mit beschränkter Haftung — Die Jugendsekten-Szene, München 1985

Haack, Friedrich-Wilhelm: Die neuen Jugendreligionen, 16. Auflage, München 1984

Hauth, Rüdiger: Die nach der Seele greifen. Psychokult und Jugendsekten, 2. Auflage, Güterloh 1985

Héretier, Alwin: „Zur Geschichte und Geistesart der Waldenser", in: „Gewissen und Freiheit", 2. Halbjahr 1984

Heyer, Friedrich (Hrsg.): Religion ohne Kirche — Die Bewegung der Freireligiösen, Stuttgart 1977

Hummel, Reinhart: Gurus in Ost und West — Hintergründe, Erfahrungen, Kriterien, Stuttgart 1984

Hutten, Kurt: Seher, Grübler, Enthusiasten — Das Buch der traditionellen Sekten und religiösen Sonderbewegungen, 13. Auflage, Stuttgart 1984

Schmidtchen, Gerhard: Sekten und Psychokultur — Reichweite und Attraktivität von Jugendreligionen in der Bundesrepublik Deutschland, Freiburg 1987

Underwood, Barbara und Betty: Im Bann des Himmels. Erfahrungen von Mutter und Tochter über die Jahre in der Mun-Sekte, München 1985

Valentin, Friederike (Hrsg.): Sekten und religiöse Sondergemeinschaften in Österreich, Werkmappe, Wien 1978 ff.